U0451529

中越文化交流史论

修订版

刘志强 著

商务印书馆
The Commercial Press

图书在版编目(CIP)数据

中越文化交流史论 / 刘志强著. —修订本. —北京：商务印书馆，2022
ISBN 978-7-100-19675-8

Ⅰ.①中… Ⅱ.①刘… Ⅲ.①中越关系—文化交流—文化史—文集 Ⅳ.①K203-53 ②K333.03-53

中国版本图书馆CIP数据核字（2021）第041387号

权利保留，侵权必究。

中越文化交流史论
（修订版）

刘志强 著

商务印书馆出版
（北京王府井大街36号 邮政编码100710）
商务印书馆发行
北京顶佳世纪印刷有限公司印刷
ISBN 978-7-100-19675-8

2022年8月第1版　　开本 880×1230　1/32
2022年8月北京第1次印刷　印张 7¾
定价：48.00元

序 一

刘志强博士是广西民族大学的副教授,师从民族学知名学者范宏贵教授,为求进一步深造,2007年考入北京大学外国语学院,在梁敏和教授门下,攻读东南亚文化博士学位。志强进入北京大学后,十分关注东南亚学术研究,积极参加北京大学东南亚学研究中心举办的学术研讨会,且十分热心参与会务工作,我们常在这些会议上见面。他也常在网上发电邮与我交谈,因而日益相知相识。他不仅熟练掌握了越南语,还学会了马来语和占婆语,他为我们中心主办的占婆历史文化讲座作翻译,受到大家的赞许,这样我们就成为好朋友了。

志强好读书,又勤于写作。读博以来,他笔耕不辍,常发来新作。2011年6月获博士学位后,在回广西南宁前夕,他给我送来一部《中越文化交流史论》的文集,辑录了他近年撰写的一系列论著,邀我写一篇序言,诚恳的目光,几载的忘年之交,令人无以推却!

志强的文集共十多篇文章,是以中越文化交流为主要内容,同时包含有中国与东南亚的文化交流以及占婆研究的心得。这些都是他近些年潜心钻研的问题。

中越文化交流是越南历史与中越关系史的重要研究课

题。越南人民的领袖胡志明主席说:"我们中越两个民族,数千年来,血统相通,文化共同。在历史上素称兄弟之邦。"①中越历史文化关系的基本特征可以概括为十六个字:源远流长、来往密切、相互融合、交相辉映。研究中越关系的学者指出,在环绕中国的邻邦中,与中国接触最早,关系最深,彼此历史文化实同一体的,首推越南。在当前形势下,研究中越文化交流史是一个具有学术价值和强烈现实感的重要课题。

关于中越文化交流史,国内学界已有多部著作问世,但关于这一课题的研究仍有许多值得继续深入探讨的空间,志强的这一文集便是我国年轻一代学者进一步研讨中越文化交流史的新成果。读完这一篇篇文章,您会感觉到这是一部虽还并不十分成熟,但可堪称独具匠心、颇有特色的佳作!

以小见大、善于选题是本书的第一个特点。作者在广泛阅读和搜寻史料的基础之上,抓住了前人没有涉及的问题进行阐释,题目虽小,但却是道前人之未道,颇具新意。例如,越南近代民族运动领袖潘佩珠曾长期旅居中国,与我国有密切的联系,学术界在论述潘佩珠与中国的关系时,多引证他与梁启超、孙中山的联系,在《胡适、沈钧儒与越南革命志士潘佩珠的文墨之交》一文中,作者却以胡适、沈钧儒两位中国名人为潘佩珠所著《天乎地乎》作序一事阐述了潘佩珠与胡适、沈钧儒的交往,为我们研究中越文化交流和潘佩珠的思想扩

---

① [越南]胡志明:《致华侨兄弟书》,载麦浪:《战斗中的新越南》(附录),新越南出版社1948年版。

宽了思路，可惜该文在出版时未能收录书中。

挖掘史料、小心求证是本书的第二个特点。作者好学多问，勤于动手，挖掘原始史料，并不辞辛劳，开展田野调查，从浩瀚的史籍中撷拾到新的依据，从而补充或校核前人之说。唐代中原与安南地区文化交往紧密，随着安南地区文化日益发展，当地士大夫通过参加科举，有的考中进士，有的当了翰林。爱州（今越南清化）人姜公辅官至中书门下平章事，相当于宰相。中越文化交流史著作一般都记载有唐代安南爱州（今清化）进士姜公辅逐步晋升为唐朝宰相之事例，传为中越文化交流史上的佳话，用以证明中原与安南两地文化交流之密切和安南地区文化的发展，但对姜公辅其人其事进行细心考证和集中论述的文章除张秀民先生的考证文章外甚为罕见。作者利用在厦门大学访学的机会，多方寻觅资料，并赴南安县九日山姜相之墓地祭拜和调研，终于撰成《科举与爱州进士姜公辅》。此文系统地论证了姜氏的身世籍贯、家族向安南爱州的迁徙，以及考中进士后的升迁历程，指出："姜公辅其先自甘肃出，后迁居钦州（广西）再迁爱州。"他认为，关于姜公辅从爱州中进士的说法不错，其事迹确实证明了中原与安南两地文化交流之密切和科举在安南的普及，但说姜公辅为越南人却是有悖历史事实的。他的科考与任官事迹可以视为中越两地历史文化交流的一个特殊现象。作者的这个结论实事求是，颇为公允。

史论结合、论从史出是本书的第三个特点。史论密切结合应是学术论文的基本要求，论述应建立在丰富的可靠的史料基础之上。本书没有长篇大论，多为言简意赅、文笔精练的"小文章"，但都可从中悟出一番道理来。中国与位于今越南中部的占城古国的文化交流，不少前辈学者已有论著，作者没有重复，而是在前辈学者研究成果的基础上，将遗漏的捡拾成文，撰成《中国与占城文化交流拾遗》。此文以明代中占文化交流为中心，发掘了一些中国古籍中未受关注的史料，对中国与占城的交通路线、中国对占城的文化影响、占城语对汉语的影响，以及中国古籍中有关占城语的记载作了阐述，并由此得出中国古籍不容忽视，当前仍要重视使用、挖掘汉文史料的结论。他说，对西方的"借鉴学习是完全有必要的，但仅仅就越南历史文化研究领域而言，我们还是更多地注重对汉文史料的挖掘和辨真去伪"。此文史料翔实，观点明确，结论也很有说服力。

当前，志强面临着进一步攀登学术新高地的挑战。越南历史与中越关系史的研究有许多急待深入研究的问题，对占婆的研究，特别是对15世纪后的占婆历史与文化研究是一门新的课题，难度较大，尚待建立完整的学术理论体系，为此志强还需付出更大的努力。

我深信志强定会迎难而上，赢得新的胜利。衷心祝愿他为我国在东南亚方面的研究作出更多贡献！

是为序。

梁志明
2011年8月12日

序 二

中国有句俗话说"远亲不如近邻",意思是有个好邻居胜过在遥远地方的亲人,与此相类似的有"远水救不了近火"。在生活中,大多数邻居友好相处,情如手足,有难相帮,有乐共享。也有交恶的邻居,双方生活不得安宁。当然,谁都想有个好邻居,这就需要互相了解。

国家也是一样,与邻国的关系处理好了,人民的生活才能安定。越南是我们的近邻,很需要互相了解、沟通。刘志强老师经过几年的努力耕耘,写出了一些有学术价值的论文,现在汇集成册出版,其中有研究占婆的论文及中越文化交流的文字,这些对增进我们对越南的了解是有裨益的。我国对占婆的记载较丰富且历史悠久,可惜我国现在研究占婆的人屈指可数,刘志强老师正是其中之一。收入本书的占婆文章很有新意,让我们知道了占婆属马来世界。书中不少篇章很有可读性。

近几年来,我与刘君交往较多,发现他除了聪明之外,勤奋刻苦,思维敏捷,善于捕捉有价值的题材。他的越南语很好,英语、占婆语、马来语有基础,重要的是他把掌握外语当成工具,为教学与科研服务。这几方面结合起来,就成为他的优势。

他在北京大学攻读博士学位四年，师从梁敏和教授，还得到了张玉安、梁志明、赵玉兰、吴杰伟、薄文泽等教授的指导，在北大的优良传统、浓厚的学术氛围熏陶下，他的优势得到充分发挥，在短短的几年时间里，除了完成博士论文的撰写外，还写出这么多有价值的论文，实属不易。看了他的书稿后，我认为，如果他不在北大学习，这本文集就不可能诞生。他不到30岁，就被评聘为广西民族大学的副教授，这是极为少见的。在同龄人中，被视为学习的楷模。我希望刘君今后更谦虚谨慎，踏踏实实地在学术研究的道路继续前进，取得更丰硕的成果。

在市场经济的大潮中，不少年轻人不愿意沉下心来从事研究，过清贫的日子。虽然这股浪潮冲击着刘君，但可贵的是，他头脑清醒，不为所动。我很为当前冷淡社会科学的境遇担忧，中国的社会科学还后继有人吗？看到刘君的迅速健康成长，我坚信会有很多像刘君一样的年轻人。中国的社会科学是有希望的。

改革开放以来的三十多年，中国的学术环境大大改善，就以我本人来说，绝大多数的学术成果是在这个时期取得的。我希望刘君和年轻的朋友珍惜新时代，为国家、为社会作出贡献，中国社会科学的大家就在你们这一代人出现，不是一两位大家，而是一群大家。

范宏贵

2011年8月20日

目 录

前言 …………………………………………………………… 1

科举与爱州进士姜公辅 ………………………………………… 7
历史上广西钦州、廉州与越南北部的文化往来 ……………… 22
明代的交阯进士 ………………………………………………… 43
明代广东、云南人仕交阯录 …………………………………… 63
中越书法文化交流 ……………………………………………… 79
中国"四大发明"与"四大名著"之传越南 ………………… 96
越南阮朝科举制度及其特色文化 ……………………………… 113
中国与占城文化交流拾遗 ……………………………………… 137
占人迁移中国史略 ……………………………………………… 149
明代《占城译语》新版本的发现
　　——兼谈占婆与马来世界的历史关系 ………………… 156
中国学界对越南古典文学的译介与研究 ……………………… 175

附录一　明清中国东南亚语种翻译史考略 …………………… 201
附录二　历代《职贡图》中的东南亚人物 …………………… 217
修订版后记 ……………………………………………………… 236

前　言

　　我对中越文化交流的兴趣首先是在恩师范宏贵教授的熏陶下产生的。自2004年至2007年攻读硕士学位期间，恩师授我陈修和先生早年的《中越两国人民的友好关系和文化交流》、陈玉龙先生的《汉文化论纲——兼述中朝中日中越文化交流》、张秀民先生的《中越关系史论文集》诸书，使我尽得学养。

　　那时，范先生虽然已逾古稀之年，但由于是我校的三位资深教授之一，身体又好，所以尚未退休。我和其他同学一起，有幸在他的教导下学习。先生出生于1934年，1956—1959年分别毕业于中央民族学院(今中央民族大学)语文系和历史系，又曾在中国科学院民族研究所工作。先生攻读过研究生，潘光旦、冯友兰等名家都是他学生时代的授课老师。先生本人又与费孝通先生有师生关系。[1] 除此以外，先生的胞兄范宏科先生也曾担任北京大学东语系的越南语教员。我认为，这些人生经历使先生拥有很高的学术涵养。在三年的硕士学习阶段中，先生把有关国内和日本关于中越文化交流史的基本学

---

[1] 范宏贵:《我与费孝通的一段师生情》,《广西民族大学学报》2005年第3期。

术史通过各种形式传之于子弟，这实属不易。期间，我有幸与先生共赴越南、广西边境、云南等地考察，考察期间，我们经常就越南的历史、文化特别是中越文化交流的历史进行探讨。几年的耳濡目染，我对中越文化交流史的兴趣愈加浓厚。

其次，补充广西民族大学外国语学院越南语专业教师的研究方向，也是促使我往这一领域耕耘的原因。虽然我并非出自史学专业，这本小书也算不上什么杰作，但我还是有一种"硬着头皮也要上"的牛犊劲。对我而言，摆脱作为一个越南语翻译的半职业工作身份是一件较难的事情。但有一次范先生让我读了资中筠先生的一篇题为《关于我的履历》的文章，让我彻底醒悟，同时希望自己将来也能够像资中筠先生那样"以独立学人的身份立于世"。[1] 佛言："行道在心。"[2] 我想，做学问亦然。

北京大学的梁立基等教授希望我能对中越文化交流史做一涵盖面较全的研究，以便纳入北京大学"东方文化集成"丛书的出版计划。我自知这是难得的事，但以我今日这点微不足道的学术积累，要想在研究范式和材料上尽量超越前人对这一领域的研究，恐仍需数十年的"砍柴之功"，故暂且作罢。

这本小书中的大部分文章是我于2007年至2010年所撰写的。其中《科举与爱州进士姜公辅》《明代的交阯进士》二文均受张秀民先生的著作启发而作。在撰写《科举与爱州进

---

[1] 资中筠：《关于我的履历》，载资中筠著：《士人风骨》，广西师范大学出版社2011年版，第24—26页。

[2] 《四十二章经》第四十章，载《佛教十三经》，中华书局2010年版，第467页。

士姜公辅》期间，我曾于2009年清明节赴福建泉州拜谒姜公墓，当时巧遇姜氏后人也正在祭扫姜公之墓。无心插柳柳成荫，我有幸又从姜氏后人之中得到一些《姜氏家谱》，用以补充文章之不足。

2009年3月，由于《明代的交阯进士》一文，我又获得赴厦门大学教育研究院访学的机会，并得幸于2009年拜在厦门大学刘海峰教授门下，研习科举学。《越南阮朝科举制度及其特色文化》即是我在厦门大学访学结束时所做的学术汇报。刘海峰教授曾师从史学家韩国磐先生攻读博士，加上他自身的钻研，学术成就早已斐然。他的学术造诣、授课方式等对我都有较大影响。印象较深的是曾经读过他的一篇《学术之美，一头雾水》的文章，这篇文章使我开始重视"言之无文，行之不远"的启示。

《历史上广西钦州、廉州与越南北部的文化往来》一文，是我于2008年3月参加澳大利亚国立大学主办的国际学术研讨会的报告。在参加此次学术会议之前，由于在北大攻读博士学位的缘故，我有机会接触"西方"的一些东南亚史研究的学者，其中包括孙来臣博士和李塔娜博士等。经过接触，我发现"西方学界"对于学术研究是非常严谨的，特别是他们的学术批评，通常是不留情面的。我个人也曾经多次经历过这样的批评，挨批评多了，只要愿意改正错的，坚持对的，自然还会有些长进。《历史上广西钦州、廉州与越南北部的文化往来》一文的撰写完全出于史料的整合，最值得一提的是，我对出自越南陈朝而流落于广西合浦的《昭光寺钟铭》的考证。因为此前，越南汉喃研究院编撰出版了两册《越南汉喃铭文汇编》，其中一册专门有学者考究，然稍有缺漏，我将此文以拓片内容为据，还原了铭文之历史真面貌。此次会议上，我又结识了台湾越南史专家耿慧玲教授。耿教授早年师从台湾史学家陈槃和毛汉光两位史家学习，治学严谨，对中越金石历史文化有深入的研究，著有《越南史论——金石资料之历史文化比较》，从金石学视角审视越南史，甚为精辟独到。

在研究中越文化交流史的过程中，我也关注中越关系的现状，但我想，回到明代情况又如何呢？于是，我查阅了大量明代史料，其中包括明代各种相关地志，发现明朝在当时的越南设立交阯三司时，各级官员也多来自两广等边境省份。《明代广东、云南人仕交阯录》一文，就是这样完成的。

《中越书法文化交流》完全是受到贺圣达先生的著作《东南亚文化发展史》的启发而撰写的。当然，这其中与我自幼喜欢书法也有关系。

《中国"四大发明"与"四大名著"之传越南》是我于2006年所撰，当年我第一次参加四年一届的"中国东南亚研究会年会"，是以广西民族大学硕士研究生的身份参加的，近200人的学术盛会，让我第一次开了眼界。

《中国与占城文化交流拾遗》撰于2008年，是我撰写的第一篇关于占城的小文章，虽难免粗糙，但当时得到梁志明等教授的鼓励，遂进而有第二篇《明代〈占城译语〉新版本的发现——兼谈占婆与马来世界的历史关系》的出现。我曾将这篇文章译成越南文，投至法国专门研究占婆历史文化的学术刊物《占婆研究》(Champaka)。巧的是,这个杂志的主编正是法国远东学院的法籍占人蒲达玛教授,蒲达玛收到这篇文章后不久,即赴北大与我及导师们见面交流。蒲达玛当时即许诺传授我占婆文及相关知识。可以说,正是这篇文章让我进入占婆研究的领域。《占人迁移中国史略》则是我从中越跨境民族的角度对占人迁移中国的历史进行的粗略考察。

《明清中国东南亚语种翻译史考略》和《历代〈职贡图〉中的东南亚人物》是我尝试拓展自己学术领域的两篇文章。第一篇是我对中国东南亚语种的学科性的回顾。第二篇是偶然间翻到一本《皇清职贡图》后产生的奇想,遂书成文。2010年,我把《历代〈职贡图〉中的东南亚人物》翻译成英文,题为:"Southeast Asia People in Traditional Chinese Paintings before the Invention of Camera",获得了新加坡国立大学历史系主办国际学术会议"International Association of Historians of Asia (IAHA) 2010"的邀请,无奈当时经济拮据,未能成行,不然当可求教于狮城东南亚史专家。

无论如何,对于史学,我终归是一个门外汉,所以这本小册子难免出现一些问题,我当然是文责自负。同时,也盼求教于大家,或能够抛砖引玉,或十之有一能对学界有所裨益的话,也可算是了却夙愿了。

科举与爱州进士姜公辅

唐相姜公辅今已成为中越两国之历史文化名人,其事迹涉及唐代的科举以及中国福建泉州、广西钦州和越南清化省安定县等地区,故对唐朝科举与姜公辅的事迹进行论述,是颇有意义的事。2009年4月,笔者趁在厦门大学访学的机会,于清明之际,赴福建泉州南安县九日山祭拜姜相公墓,以表多年来仰慕之心。此文原题《唐相姜公辅祭》,无奈材料有限,不少疑问一直没能解决,至2009年清明节时尚未完成,故易题为《科举与爱州进士姜公辅》,对科举与姜公辅登第、姜公籍贯及其与福建省南安县之关系略作论述,以了数年来之心愿。

一、科举与历史上越南的溯源关系

今之越南,自秦始皇开岭南至10世纪中叶以前,曾与中原混为一统。秦始皇于公元前214年平定岭南,在岭南设三郡:桂林、南海、象郡,其中象郡包括今日两广、越南北部地区。然秦始皇对象郡的管理,则置于松散状态,以致秦末南海龙川令赵佗割据岭南,建立"南越国"。至公元前111年,汉武帝方平南越,并在岭南设立九郡,其中交趾、九真、日南三郡位于今日越南境内，由于军事、政治、经济等原因，三郡与内地关系逐渐密切。

汉代时，察举已经泽及当时的交阯。察举制度，自汉元光元年(前134)开始，"初令郡国举孝廉各一人"。① 至汉和帝永元五年(93)以前，其数额，各郡国不论人口多寡，所举孝廉数额相仿。唐杜佑《通典》记载："旧制，大郡口五六十万举孝廉二人，小郡二十万并有蛮夷者亦举二人，和帝以为不均……。"② 至汉永和五年(140)，始以郡国人口数量为标准定所举孝廉数量。《后汉书》记载："'自今郡国率二十万口岁举孝廉一人，四十万二人，六十万三人，八十万四人，百万五人，百二十万六人。不满二十万二岁一人，不满十万三岁一人。'帝从之。"③《汉书·地理志》记载"交阯、九真、日南三郡人口合计近百万数"，④ 陈文博士据此而估计每年交阯所举孝廉应该达五至七人。⑤ 笔者以为不然，因为汉和帝时同时有规定："凡口率之科，宜有阶品，蛮夷错杂，不得为数。"⑥ 当时汉人迁居交阯不少，但是"蛮夷"仍占多数，故所举孝廉数量仍居少数。

据越南正史记载，汉献帝建安五年(200)，交阯所举茂材、孝廉才允许到中州为官。越南正史《大越史记前编》记载：

---

① 《汉书》卷六。
② ［唐］杜佑：《通典》卷十三。
③ 《后汉书》卷三十七。
④ 《汉书》卷二十八下《地理志下》。
⑤ 陈文：《科举在越南的移植与本土化——越南后黎朝科举制度研究》，暨南大学专门史博士论文，2006年。
⑥ 《后汉书》卷三十七。

庚辰(汉献帝建安五年)，汉初选我国所举茂材、孝廉为县令各一人。先是，刺史李进上言于汉帝曰："率土之滨，莫非王臣，今登仕朝廷皆中州之士，未尝奖劝远人，辞意感切，多所援引，汉帝诏我州有孝廉、茂材许除补属州长吏，不得任中州。"进复上疏曰："所举孝廉请与十二州博士以人才专对。"而有司恐远人虚诞，毁折中朝，不许。时我国人李琴宿卫在台，遂邀乡人卜龙等五六人当正元朝会日，俯伏殿庭曰：皇恩不均。有司问其故，琴曰："南越迁远不为皇天所覆，后土所载，故甘雨不降，凉风不飞。"辞意恳苦，诏慰劳之，乃以我茂材一人为夏阳令，孝廉一人为六合令，后立琴仕至司隶校尉，我越人才得与汉人同选者琴进有以开之也。①

东汉开了安南与内地同举的先河，为后来唐代给予安南都护府和内地同等科考地位奠定了基础。

二、唐科举与安南

唐于武德四年(621)便参照隋代成法开科取士。②至上元三年(676)，岭南地区方得应科。《唐会要》卷七十五记载："上元三年八月七日敕：桂、广、交、黔等州都督府，比来所奏拟土

---

① ［越南］吴时仕：《大越史记前编》内属东汉纪，卷三，越南阮朝北城(河内)学堂藏版。

② 刘海峰、李兵：《中国科举史》，东方出版中心2004年版，第69页。

人首领，任官简择，未甚得所，自今已后，宜准旧制，四年一度，差强明清正五品已上官，充使选补。"① 至调露元年(679)，唐改交州都督府为安南都护府。调露年间，唐朝还改岭南税制，安南在征收税收上与内地无异。此外，唐时交州为南方一大对外贸易港口，与当时广州并驾齐驱，非秦、汉时所比，安南文化与内地文化交流也日益频繁。当时，流寓安南的著名文人也不少，如杜审言、刘禹锡、宋之问之弟宋之悌等。此外，唐时内地与安南的佛教交流也非常频繁，两地之间的高僧互相往来，传经诵教，络绎不绝。这些为安南濡染"汉风"奠定了良好的基础。当时安南都护府属岭南道管辖，至天宝十三载(754)，岭南"文儒之风"已名噪一时。《唐会要》记载："天宝十三载七月敕：'如闻岭南州县，近来颇习文儒。自今已后，其岭南五府管内自身，有词藻可称者，每至选补时，任令应诸色乡贡。'"②

至会昌五年(845)，安南举格与福建等省一样。《唐摭言》记载："公卿百僚子弟及京畿内士人寄客外州府举士人等修明经、进士业者，并隶名所在监及官学，仍精加考试。所送人数：……金汝、盐丰、福建、黔府、桂府、岭南、安南、邕容等道，所送进士不得过七人，明经不得过十人。"③ 此可证唐代在送举数额上安南与河南、陕西、福建、贵州、广东、广西等地区的

---

① [宋]王溥：《唐会要》卷七十五。
② 同上。
③ [五代]王定保撰、姜汉椿校注：《唐摭言·会昌五年举格节文》，上海社会科学院出版社2003年版，第3—4页。

地位一样。姜公辅应是唐时安南所贡进士,越裔元人黎崱撰《安南志略》卷十四谓:"汉唐时,尝贡进士明经者,李琴、张重、姜公辅是也。"①

三、唐科举与爱州姜公辅登第

姜公辅之登第,《旧唐书》有记载:"姜公辅,不知何许人。登进士第,为校书郎。应制策科高等,授左拾遗,召入翰林为学士。"②据此则姜公辅当是登进士在先,后才"应制策科"。但考历代诸书均未见有姜公登进士的记载。唯清道光《廉州府志》卷十九唐进士条记载:"姜公辅……广德二年(764)登第。"③徐松《登科记考》卷十载广德二年登进士者有二十五人,④然各进士姓名详具者仅有三人。笔者以为,姜公登进士第必早于其登策科第。即当在建中元年(780)以前。且历代正史、笔记撰者似从未有过怀疑,其登进士之事也曾被唐人撰写笔记时使用。如唐人笔记《刘宾客嘉话录》云:"……又曰:薛邕侍郎有宰相望,时有张山人善相,崔造相公方为兵部郎中,与前进士姜公辅同在薛侍郎坐中。薛问张山人曰:'坐中有宰相否?'心在己身多矣。张曰:'有。'薛曰:'几人?'曰:'有

---

① [元]黎崱著、武尚清点校:《安南志略》卷十四,中华书局2000年版,第324页。
② 《旧唐书》卷一百三十八。
③ [清]张堉春修:《廉州府志》卷十九,清道光十三年刻本。
④ [清]徐松:《登科记考》卷十,中华书局1984年版,第361—362页。

两人.'薛意其一人即己也。曰:'何人?'曰:'崔姜二人必同时宰相。'薛讶忿之,嘿然不乐。既而崔郎中徐问张曰:'何以同时?'意谓姜公始前进士,我已正郎,势不相近也……。"①据此也可证姜公辅确有登进士第。另据姜公辅后裔江西姜正平先生所藏《姜氏族谱》,谓姜公辅登建中辛酉科榜眼。②建中辛酉科开科为建中二年(781),而据《册府元龟》则姜公辅应制科为建中元年,此与《旧唐书》记载在时间和任官逻辑不符,"校书郎"一职为从九品衔,而"左拾遗"则为从八品衔,姜公辅应制科后方才授"左拾遗"。

另据《丰州志》人物传,谓姜公辅生年不详,但据《新唐书》和《柳宗元集》中"顺宗立,拜吉州刺史,未就官,卒"这一记载,则姜公辅逝世于贞元二十一年(805),即唐德宗驾崩,唐顺宗登基那一年。又据新疆和福州的《姜氏族谱》都记载姜公辅寿七十五岁,则姜公辅登广德二年(764)进士时为34岁,这与历代登第进士者年龄在35周岁又相符合。如据姜氏族谱谓姜公辅登"建中(781)辛酉科榜眼",则姜公辅登进士年时,年龄已为51岁,且刚参加完制科又参加进士,不符逻辑。笔者以为,姜公辅登进士当为广德二年,故应生于唐开元十八年(730)。

姜公辅登进士第的具体年份在历代史籍中的记载略有出入,但姜公辅"应制科"的情况却稍详于典籍。唐科举分常举

---

① [唐]刘绚:《刘宾嘉话录》正编。
② [唐]姜公辅始修:《大唐勒修姜氏炎帝神农烈山四岳天水郡古谱总世系》,江西姜正平藏抄本。

和制举,常举即"常贡之科",①制举则由皇帝临时下制诏举行。唐德宗于大历十四年(779)即位,六月,"诏天下有才艺尤著、高蹈丘园及直言极谏之士具以名闻。诸色人中有孝悌力田及以经学优深、文词清丽、军谋宏远、武艺殊伦者亦具以名闻。能旨文自陈者亦听"。建中元年(780),姜公辅应"贤良方正,能直言极谏科"(属制举),登该科榜首。②另据清人徐松所撰《登科记考》所记,与姜公辅同登者,尚有另外六人。③

唐德宗(742—805)时期,社会经济逐步恢复,唐王朝的政治经济力量不断加强,地主士大夫,特别是地主阶级的中、下层迫切要求革新政治,恢复开元、天宝时统一和强盛的局面,中兴唐的统治,因此,科举考试时策问的重要性相应也得到了提高。④姜公辅升居相位的主要原因还是由于其多献"奇策",即柳宗元所说:"姜公辅(爱州日南人),为内学士,以奇策取相位。"⑤唐德宗在科举中加入"贤良方正能直言极谏科",为唐朝重新强盛选拔能够为政治服务的人才,但另一方面"德宗恶姜公辅之谏,谓其指朕过以求名"⑥,后来姜公辅又因力谏而被贬谪,可谓"辛苦遭逢起一经"。

2009年2月,北京国子监举行了中国科举史的展览活动,

---

① [唐]杜佑:《通典》卷十五。
② [北宋]王钦若等编:《册府元龟》卷四百六十五,台湾中华书局1960年版,第7731页。
③ [清]徐松:《登科记考》卷十,中华书局1984年版,第411页。
④ 吴宗国:《唐代科举制度》,辽宁大学出版社1997年版,第177页。
⑤ 《柳宗元集》卷十二。
⑥ [清]王夫之:《读通鉴论》卷二十四。

其中提及中国科举与域外人士时，专门提及安南姜公辅和新罗崔致远二人，可证姜公辅登第唐进士是中国科举史上一件大事。这次展览对姜公辅的介绍为：安南（今越南）人姜公辅，唐德宗朝进士，官至谏议大夫，同中书门章事（宰相），后因犯颜直谏，被贬为泉州刺史，病逝于任上，安葬在泉州九日山。

四、姜公辅之籍贯与姜姓族人之迁徙安南

姜公辅之籍贯，正史已有记载，本不需多论，然作为一历史名人，姜公辅的籍贯涉及甘肃、今日越南、广西钦州等地，不梳理其来龙去脉，笼统地界定"姜公辅是越南人"①似有不妥。

《旧唐书》卷一四二说："姜公辅，不知何许人。"②《新唐书》卷一六五则说："姜公辅，爱州日南人。"③吴士连等撰《大越史记全书》载"九真姜公辅仕于唐……"，④但不言其身世。早年中国越南史专家张秀民先生曾作《唐宰相安南人姜公辅考》，详述姜公辅的事迹，引证颇丰，但对姜公辅的籍贯考证仍有可以补充之余地。

越南末代阮朝地理书《大南一统志》卷十七说："唐姜公

---

① 何成轩：《儒学南传史》，北京大学出版社2000年版，第170页。
② 《旧唐书》卷一百四十二。
③ 《新唐书》卷一百六十五。
④ ［越南］吴士连等撰、陈荆和编次：《大越史记全书》，日本东京大学东洋文化研究所1977年版，第161页。

辅,安定县人,字钦文,有高才,唐德宗举于唐,第进士……世传祖基在弘化县凤翊社,而母贯则在山限社,有墓在焉,黎景兴间海郡公范廷重过此,以事闻,请封为上等福神,建祠祀之。按《钦州志》云,公辅之先自天水(今甘肃境内)徙南海,至其祖为钦州参军,始贯遵化(唐时,钦州有遵化县),累迁舒州刺史,父徙家九真,籍爱州日南县,据此则公辅是钦州人。然考之《唐书》列传宰相年表及《大清一统志》诸书皆云公辅是本国爱州人,则钦州私志所传未必准信,或者入仕后家于钦,故墓亦在钦欤?"①

《大南一统志》卷十六又记载:"安定县,在(清化)府西北……隋曰军安县,唐至德改军宁,均隶九真郡,属明改今县名隶清化府。"②《大南一统志》卷十六军安山条又言:"(军安山)在安定县东官安(旧军安)、玉帐二社界……昔姜状元公辅之家山也。"③《大南一统志》卷十七又记载越南曾建姜状元祠:"(姜状元祠)在安定县锦帐村,神姓姜讳公辅,祠所乃其故宅也。"④黎崱所撰《安南志略》卷一录有《唐安南都护元州郡》,其中爱州辖九真、安顺、崇平、日南、军宁和长林,⑤此当可证公辅确曾生活于爱州境内。

---

① [越南]高春育:《大南一统志》,日本印度支那研究会1941年版,第1821—1822页。
② 同上书,第1670页。
③ 同上书,第1719页。
④ 同上书,第1763—1764页。
⑤ [元]黎崱著、武尚清点校:《安南志略》卷一,中华书局2000年版,第36页。

《大南一统志》卷十七引《钦州志》时，对《钦州志》所说姜公辅为钦州人仍持怀疑态度。但《新唐书·宰相世系表》记载："九真姜氏，本出天水。神翊，舒州刺史。挺。公辅，相德宗。"① 越南史家吴时仕所撰《大越史记前编》又记载："甲子（唐兴元元年，784）时，我国九真郡人姜公辅仕于唐，公辅有高才，举进士……公辅，安定山隈人，父挺。"② 此与《新唐书》又相吻合。

另考明崇祯《廉州府志》卷十有记载："姜公辅，字德文，其母黄氏，灵山人（灵山县属钦州），公辅登进士第，补校书郎，应制策科高等，授右拾遗，归扫父墓……。"③ 另据江西姜正平先生所藏《姜氏族谱》，姜公辅于唐代曾受皇命统修《姜氏族谱》，《姜氏族谱》卷首有姜公辅序言，并有"皇上御赐统修天下姜姓族谱"字样，该族谱中"大唐勒修姜氏炎帝神农烈山四岳天水郡古谱总世系"中姜公辅列为姜氏第一百四十九世，谓姜氏本出天水。

以上当可以证明《大南一统志》所引《钦州志》说"姜公辅字钦文"是错误的，姜公辅当是字德文。明崇祯《廉州府志》又记载，姜公辅母亲为钦州灵山县黄氏，则《大南一统志》所引《钦州志》说姜公辅的父亲姜挺从钦州遵化迁居爱州也是可信。据明嘉靖《钦州志》，唐时钦州有遵化县，现在遵化已属

---

① 《新唐书》卷七十三下。
② ［越南］吴时仕：《大越史记前编》外纪，卷六，越南阮朝北城（河内）学堂藏版。
③ ［明］张国经辑：《廉州府志》卷十，日本内阁文库藏明崇祯十年刻本。

钦州灵山县。①姜氏在隋唐时为钦州第二大姓族。②且遵化与明交阯永安州、万宁州(此二州今皆属越南广宁省)海上接壤。而自廉州通清化省的海路,明崇祯《廉州府志》已有记载:"自(广东)乌雷正南二日至交阯,历大小鹿墩、思勒隘、茅头捍门入永安州,茅头少东则白龙尾、海东府界,正南大海外,抵交阯、占城二国界,泛海者每遇暴风则舟漂七八昼夜至交阯清化府界,如舟不能挽,径南则入占城。"③此可证明姜公辅父亲(或其祖)迁居爱州是有可能的。另考清道光廉州知府所修《廉州府志》卷十九记载:"姜挺,钦江人,盛唐令,以子公辅仕,赠同平章事谏议大夫。"④

雍正《灵山县志》卷八记载:"姜公辅,钦江人,平章见传。"⑤考钦江县为唐设,宋开宝五年(972)遵化、钦江和内亭三县都归灵山县管辖。《灵山县志》卷十又载:"姜神翊,字祐之,钦州遵化人。其先自天水徙南海,至神翊为钦州参军,始贯遵化,累迁舒州刺史,修皖山祠,建四望楼,政令严整,淮南盗贼不敢入境。子挺以父任为盛唐令,徙家日南,孙公辅。"⑥则此记载与张秀民先生早年的判断一致,也与《姜氏族谱》一致。《灵山县志》卷十还记载:"姜公辅,字德文,钦州遵化人,

---

① [明]林希元:《钦州志》卷四。
② 钦州市委员会文史资料委员会:《钦州文史》(第6辑),广西钦州市政协文史资料委员会1999年版,第157页。
③ [明]张国经辑:《廉州府志》卷六,日本内阁文库藏明崇祯十年刻本。
④ [清]张堉春修:《廉州府志》卷十九,清道光十三年刻本。
⑤ [清]盛熙祚:《灵山县志》卷八《选举志》。
⑥ [清]盛熙祚:《灵山县志》卷十《乡贤志》。

其父挺为盛唐令,祖神翊舒州刺史,母黄氏灵山人……。"[1]清道光廉州知府所修《廉州府志》卷二十人物条有关姜挺与姜公辅的记载,与《灵山县志》略同,其述姜公辅条道:"姜公辅,神翊孙。母黄氏,灵山人。父挺徙日南,生公辅,第进士,补校书郎……。"[2]

综上所述,我们可以得出结论,姜公辅其先自甘肃出,后迁居钦州,再迁爱州,说姜公辅从爱州出没有错。但是唐时爱州与内地混为一统,若说姜公辅是越南人,似有悖于史法。

五、姜公辅与泉州

唐贞元八年(792)十一月,姜公辅被贬为泉州别驾。《旧唐书》卷十三记载:"(贞元八年)十一月壬子朔,日有蚀之。己巳,贬左庶子姜公辅泉州别驾。"[3]

姜公赴泉州后,似无心政事。查阅《泉州府志》,姜公辅在泉州时政绩无睹。后隐居南安县九日山,与当时客居泉州九日山的会稽名士秦系闲谈过日。《南安县志》卷三十五记载:"秦系,字公绪,会稽人,客泉州,结庐南安九日山。穴石为砚,注《老子经》,弥年不出,自号'东海钓客'……姜公辅谪泉,见系,与语穷日,不能去,筑室相近,忘流落之苦。"[4]可能因为

---

[1] [清]盛熙祚:《灵山县志》卷十《乡贤志》。
[2] [清]张堉春修:《廉州府志》卷二十,清道光十三年刻本。
[3] 《旧唐书》卷十三。
[4] 戴希朱:《南安县志》,《南安县志》编撰委员会1989年整理,第1340页。

秦系注《老子经》等原因，姜公辅也曾一度皈依道门。宋代的刘克庄在其著作《后村集》中说道："昔贺监知章、姜相公辅，晚节皆求为道士而不可得。夫士以不降志辱身为高，二子仕至卿相，始欲其已降之志、既辱之身，自附于幽人胜士。"①

唐顺宗即位后，曾拜姜公辅为吉州刺史，但姜公辅尚未来得及出任，就在九日山逝世了。由于姜公辅的家人不在身边，秦系为其安葬。《南安县志》卷三十五记载："公辅卒，妻子在远，系为葬于山下。"②姜相公墓历代都有重修，今墓犹在。《南安县志》卷六记载："唐丞相姜公辅，墓在九日山麓，秦隐君系为安葬。宋淳熙丙午年（1186），邑令黄汝嘉奉郡守林命葺墓，为八分书一百十字勒于石。明弘治间郡守李哲修重葺，别驾罗怀再修，属傅凯为立碑记。代远，逼葬者多。清乾隆十五年（1750），公裔孙宏泰鸣于官，清其左右逼者，环立石柱为界。"③2009年4月4日，笔者拜谒姜公墓时，宋葺墓碑志犹在，明代墓碑、石柱、石狮至今仍然保存着。

姜公辅一直得到泉州人士的仰慕，宋、明、清历任官员大都曾拜谒过姜公墓，并多以诗文咏祭。《南安县志》收录颇多，笔者仅录南宋泉州太守真德秀的《祭姜相公文》和《谒姜相公墓祝文》两篇如下：

---

① [宋]刘克庄：《后村集》卷二十《云泉精舍记》。
② 戴希朱：《南安县志》，《南安县志》编撰委员会1989年整理，第1340页。
③ 同上书，第193页。

祭姜相公文

呜呼！公以鲠亮之资，尽言于猜忌之主，一斥不复，没于遐陬。然清风直节，千载而下，犹凛凛有生气。彼脂韦软美，宠窃一时，而遗臭无极，未知孰为得失也？兹因祠事，庸款幽宫。酹以一卮，喟然三叹。①

谒姜相公墓祝文

呜呼！建中、贞元之相，垂二十人，而以清名直道标表百代者，公与陆宣公而已。公谪于泉，陆谪于忠，皆不果召而没。天堂无意于忠臣乎？何其厄穷至是也！嗟夫！灵均弗迁，瑰辞孰传？曲江既死，劲节愈伟。是则天之厄公也，乃所以荣公也欤？巍巍姜公，巉巉东峰。峰以姜名，千古并崇。我再来，思而再谒公。酹以一卮，怀哉清风。②

六、余　论

越南在10世纪中叶脱离宋朝独立以前，与当时宋朝内地一样，同属中国封建王朝统治，故研究科举与历史上越南的关系，应把科举与岭南地区联系起来。如一定要追溯科举与历

---

① 戴希朱：《南安县志》，《南安县志》编撰委员会1989年整理，第1750页。
② 同上书，第1750—1751页。

史上越南这一地区概念的关系，则科举在越南当发凡于汉代，在唐代时达到高峰。姜公辅能在唐时登第进士，一方面说明唐朝科举的覆盖面很大，这在一定程度上体现了唐科举的公平性；另一方面，唐代时的越南其实与内地无疑，前文提到调露年间，安南税收标准已与内地很多地区标准一样，唐代规定贡士修明经、进士的数量，也与内地很多地区相同。这两点充分说明唐代时安南的汉文化发展的速度是很快的，也得到了唐王朝的认可。唐时安南地区文化的发达也是安南与内地长期频繁交流的结果，姜公辅的籍贯涉及广西与越南就是具体的反映。

由于姜公辅籍贯的特殊性，从文化交流的角度看，他的科考、任官事迹也可以作为中越两国文化交流的一个特殊的现象。

历史上广西钦州、廉州与越南北部的文化往来[①]

历史上,钦州、廉州一直属广东管辖,两地由于地理上与越南接近,因此文化交流频繁。新中国成立以后,钦州、廉州划归广西。1991年,自中越关系正常化以来,钦廉两地与越南的交流逐渐得到恢复和发展。追溯这两个地方与越南在文化领域和人员之间的交往史是颇具意义的事,本文从交往路线、人员互迁、文物内容的考证等方面进行论述,希望能够勾勒出钦廉两地与越南北部文化交往的概貌,供学界参考。

一、廉州、钦州与越南北部地区的海路交通略

廉州在连接两广和越南北部各地区的海路交通线中,曾起到非常重要的作用。清人顾祖禹在《读史方舆纪要》中总结说:"罗氏曰:入交之道凡三:一繇广西,一繇广东,一繇云南。由广东则用水军,伏波以来皆行之……若广东海道,自廉州乌

[①] 本文原载《广西民族大学学报》(哲社版),2008年第4期,原题:《历史上廉州、钦州与越南北部地区的文化互动》,有修改。

雷山发舟，北风顺利，一二日可抵交之海东府。若沿海岸以行，则乌雷山一日至永安州白龙尾，白龙尾二日至玉山门，又一日至万宁州，万宁一日至庙山，庙山一日至屯卒巡司，又二日至海东府，海东二日至经熟社，有石堤，陈氏所筑以御元兵者。又一日至白藤海口，过天寮巡司，南至安阳海口，又南至涂山海口，又南至多渔海口，各有支港以入交州。自白藤而入，则经水棠、东潮二县至海阳府，复经至灵县过黄径、平滩等江。其自安阳海口而入，则经安阳县至荆门府，亦至黄径等江，繇南策、上洪之北境以入。其自涂山而入则取古斋，又取宜阳县，经安老县之北至平河县，经南策、上洪之南境以入。其自多渔海口而入，则繇安老、新明二县至四岐，溯洪江至快州，经咸子关以入。多渔南为太平海口，其路由太平、新兴二府，亦经快州咸子关口，由富良江以入。此海道之大略也。"①

汉代时，合浦为"海上丝绸之路"的重要港口，这早已为学界熟知。合浦自古为泛南海登舶之处，《汉书·地理志》最早记载之南海交通路线，即由合浦始。唐时合浦属岭南道廉州，为廉州治所。廉州在唐代时，还是沟通大唐僧人经占波或交州再到天竺的重要海上交通线。《大唐西域求法高僧传》较为明确地记载了两位经过廉州、乌雷到达其他地区求法的僧人，他们是义朗和智弘。② 唐时高骈还疏通了自钦州、廉州到

---

① ［清］顾祖禹：《读史方舆纪要·广西七·外国附考》，中华书局2005年版。
② ［唐］义净撰、王邦维校注：《大唐西域求法高僧传》，中华书局1988年版，第72、175页。

达越南北部沿海的海道,《安南志略》收有《天威径新凿海派碑》,可为一证。[1] 宋太平兴国八年(983),宋朝又在廉州设立太平军,咸平初,复置廉州。自廉州取容州路可入中原,而其东南、西南皆临大海,因此中国封建王朝通过廉州海路可以和安南往来。宋以后的史书,常称廉州"旧时为入安南之道",显然在宋之前廉州是为入"交"(安南)的主要道路。[2] 到了宋代时,钦州港与越南沿海交往逐渐频繁。《岭外代答》云:"钦、廉皆号极边,去安南境不相远。异时安南舟楫多至廉,后为溺舟,乃更来钦。今廉州不管溪峒,犹带溪峒职事者,盖为安南备尔。廉之西,钦也。钦之西,安南也。交人之来,率用小舟。既出港,遵崖而行,不半日即入钦港。正使至廉,必越钦港……交人之至钦也,自其境永安州,朝发暮到。"[3]《元史》《岛夷志略》关于元代钦州、廉州与越南北部的交通记载不多,但元代《大德南海志》卷七提到赴广州进行贸易的交阯国管包括团山、吉柴二地,[4] 团山即今海防之涂山,吉柴位于越南东北部,海防之 Cat Hai。[5] 从海防涂山经海路到广州需要经过钦州、廉州。

---

[1] [元]黎崱著、武尚清点校:《安南志略》卷九,中华书局2000年版,第232—243页。

[2] 张金莲:《宋朝与安南通道试探》,《东南亚纵横》2005年第10期。

[3] [宋]周去非撰、杨武泉校注:《岭外代答》,中华书局1999年版,第53页。

[4] [元]陈大震、吕桂孙:《大德南海志》(残卷)卷七。

[5] Dinh Xuan Vinh, *So Tay Dia Danh Viet Nam*, Nha Xuat Ban Lao Dong, 1996, Tr 84.

明崇祯本《廉州府志》记载了廉州通越南北部和中部的海路:"自乌雷正南二日至交阯,历大小鹿墩、思勒隘、茅头捍门入永安州,茅头少东则白龙尾、海东府界,正南大海外,抵交阯、占城二国界,泛海者每遇暴风则舟漂七八昼夜至交阯青化(清化)府界,如舟不能挽,径南则入占城。"①另据乾隆本《廉州府志》记载:"明嘉靖中廉州府知府张岳访得广东海道:自廉州寇头岭发舟,北风利二三日可抵安南海东府。"②

另据清代《文献通考》记载,清代从广西到越南北方的交通线有三,"若广东海道:自廉州五雷山发舟,北风顺利,一二日可抵交之海东府,沿海岸行八日,始至海东,有白藤、安阳、涂山、多渔诸海口,各有支港以达交州,此海道大略也"。③

综上所述,历史上廉州、钦州与越南北部沿海经海路进行往来的路线,历代都有明确记载,有海路交通线作为基础,人员往来和文化互动才成为可能。

二、廉州、钦州与越南北部地区的人员互迁

历史上廉州、钦州与越南北部贸易往来、人员交往频繁,唐以前自不用说,10世纪后,特别是宋大中祥符三年(1010),宋廷"诏许交阯互市廉州及如洪寨"后,两地交流更是密切。但这两个地区人员之互迁则很少为学界关注。本文仅对廉州、

---

① [明]张国经辑:《廉州府志》卷六,日本内阁文库藏明崇祯十年刻本。
② [清]周硕勋:《廉州府志》卷二,乾隆癸酉刻本。
③ 《清文献通考》卷二百九十六。

钦州与越南北部的人员互迁情况加以论述。

(一)战俘迁移

《大越史记全书》记载:"宋熙宁八年(1075)……常杰陷钦、廉等州,亶围邕州……常杰俘三州人而还。"① 李常杰所俘三州人颇多,仅邕州就有数万人,②但李朝后来只归还了二百多人,《宋会要》记载:"宋元丰二年(1079)十月十三日,广南西路经略司言,交阯归所略二百二十一人……。"③

明代也有战俘迁移事件发生。崇祯《廉州府志》记载:"永乐七年(1409)夏四月,交阯万宁贼寇钦州,巡海都指挥击破之……俘获贼首范牙、阮边及家属男女一百六十人……。"④

(二)由于政治、边境劫掠等原因的迁移

《宋会要》记载:"宋真宗咸平六年(1003)三月,钦州言交州效城场民及头目八州使黄庆集等挈其属四百五十余口入居州界勇步江乌士村……四月,交州民四百余户来投钦州……。"⑤ 宋朝对这些迁移多采取"慰抚"政策,虽然有时也"令还本道",但是迁移者未见有回到越南的记载。元代时,

---

① [越南]吴士连等撰、陈荆和编次:《大越史记全书》,日本东京大学东洋文化研究所1977年版,第248页。
② 广西壮族自治区通志馆编《广西历史上的今天》,广西民族出版社2003年版,第33页。
③ [清]徐松:《宋会要辑稿》,中华书局1957年版。
④ [明]张国经辑:《廉州府志》卷一,日本内阁文库藏明崇祯十年刻本。
⑤ [清]徐松:《宋会要辑稿》,中华书局1957年版。

广西上思州头目(今属防城)黄胜许及其子黄志宝走交阯万宁寨。①乾隆本《廉州府志》卷五记载:"至元二十九年(1292)壬辰广西上思土官黄胜许拥众二万结交阯作乱,遣程飞击之,胜许走入交阯,大剽钦州。"

明代钦、廉二州与越南北部沿海人员互迁颇多,崇祯本《廉州府志》记载:

> 宣德二年(1427)冬十二月,弃交阯布政司,钦州澌凛峒长黄金广等以四峒叛附安南……至是,金广等以澌凛、罗浮、古森、葛原等四峒一十九村二百七十户叛附安南,黎民封经略使,经略同知佥事等官,仍世守其土,以属万宁州。

> 正统六年(1441)夏,安南黎太阳、黄父命黄父郡来奔,时莫登庸内乱。②

> 正统十一年(1446),夷人莫登让为黎氏所逐,携其妻仆来奔,知州董廷钦纳之,后潜遁他境。

乾隆本《廉州府志》又记载:

> 明成祖永乐四年(1406)丙戌秋七月,钦州获黎贼间谍。

---

① [元]苏天爵辑:《国朝文类》卷四十一《经世大典序录·政典·招捕》。
② 乾隆本《廉州府志》记此事作嘉靖十六年丁酉夏。

永乐七年(1409)己丑夏四月,交阯万宁贼寇钦州。

正德八年(1513)癸酉秋八月,安南入寇钦州。

万历二十年(1592)冬壬辰十月,安南莫敦(登)让奔防城来告难。

万历二十六(1598)年戊戌,交阯都勇作乱侵入钦州界。①

(三)廉州人、钦州人到越南北部为官

明朝在越南成立三司后,到交阯为官者多为两广、云南人,《明太宗实录》卷二百一十九记载:"(永乐十七年十二月丁酉)巡按交阯监察御史黄宗载言:交阯人民新入版图,劳来按辑,尤在得人。今府、州、县多系两广、云南等处岁贡生员下第举人……。"②笔者考明崇祯《廉州府志》、嘉靖《钦州志》、雍正《灵山县志》得明代在交阯为官者四十四人,特辑录如下表:

表一 明代廉州、钦州人在交阯为官表

序号	姓名	官职	任职时间或科贡
1	孙复	交阯下义州判	永乐戊子(1408)
2	沈胜	交阯温卫经历	永乐戊子(1408)
3	吴里瑶	交阯石社知县③	永乐戊子(1408)

---

① [清]周硕勋:《廉州府志》卷五,乾隆癸酉刻本。
② 李国祥主编:《明实录类纂·文教科技卷》,武汉出版社1992年版,第74页。
③ 明嘉靖《钦州志》作"古社县"。

续表

序号	姓名	官职	任职时间或科贡
4	吴凤鸣	交阯青威县丞①	永乐辛卯(1411)
5	黄肇得	交阯县丞	永乐甲午(1414)
		以上五人皆为皇明进士	
6	容吉	交阯清化府推官	洪武年间
7	顾观	交阯至灵知县	永乐年间
8	黄庸	交阯威蛮知州	永乐年间
9	孙顺	交阯芙容知县	永乐年间
10	容端	交阯芙容主簿	永乐年间
11	陈祯	交阯太原知事	永乐年间
12	石礦	交阯吏目	永乐年间
13	蒋暹	交阯巡简	永乐年间
14	高志	交阯巡简	永乐年间
15	李仁	交阯县丞	永乐年间
16	郑宾	交阯检校	永乐年间
17	陈豫	交阯利仁州巡简	永乐年间
18	周广	交阯巡简	永乐年间
19	陈宁	交阯巡简	永乐年间
20	陈宗德	交阯古勇县吏	永乐年间
21	黄送	交阯知县	永乐年间
22	林崧	交阯唐安县丞	永乐年间
23	许佑	交阯吏目	永乐年间
24	黄辅	交阯主簿	永乐年间
25	李进	交阯知县	永乐年间
26	林愈②	交阯县丞	永乐年间

① 明嘉靖《钦州志》作"威县"。
② 明嘉靖《钦州志》作"林逾"。

续表

序号	姓名	官职	任职时间或科贡
27	李珠	交阯主簿	永乐年间
28	何盈	交阯吏目	永乐年间
29	黄养	交阯义安推官	永乐年间
30	黄中	交阯巡简	永乐年间
31	庞滇	交阯丹巴县丞	永乐年间
32	周旺	交阯庭河县丞	永乐年间
33	李销	交阯弄石主簿	永乐年间
34	劳观通	交阯主簿	永乐年间
35	姚贤	交阯北江经历	永乐年间
36	郭进	交阯麻龙驿丞[①]	永乐年间
37	劳养	交阯利仁县丞	永乐年间
38	劳昌	交阯文封县丞	永乐年间
39	李旺	交阯凤翔巡简	永乐年间
40	黎彝	交阯巡简	永乐年间
41	刘甘志	交阯主簿	永乐年间
	以上皆为岁贡		
42	包志道	交阯新安府经历	宣德年间
43	冯廷简	交阯主簿	永乐壬午科举人
44	檀伟	交阯唐安县丞	永乐乙酉科举人

明代时曾有不少越南人到明朝做官,中国越南史专家张秀民先生早年曾撰有《明代交阯人移入中国内地考》,[②] 从上表

[①] 明嘉靖《钦州志》作"龙县县丞"。
[②] 张秀民:《中越关系史论文集》,台湾文史哲出版社1992年版,第75—115页。

看来，明代内地人迁入交阯也不少。①明时管理越南的官员特多，但有一些官员并不能安抚当地民心。明人丘濬所撰《平定交南录》说道："时关以东群盗蜂起，所完者交州一城耳。盖新设州县军卫太多，交人久外声教，乐宽纵，不堪官吏将卒之扰，往往思其旧俗。一闻贼起，相扇以动，贼首所至，辄为之供亿隐蔽。以故贼溃复聚。朝廷屡下诏招抚之，授季扩以布政使。彼欲受命，制于其党，服而复叛，伪称王孙以复陈氏为辞。大军至，则深入山海避之，军退复出，用是官军不能成功。"②这一问题，《明史·黄福传》引用黎利的话也有提及："黎利闻之曰：'中国遣官吏治交阯，使人人如黄尚书，我岂得反哉！'"（《明史·列传第四十二》）

但是为什么明代又要任用两广、云南人呢？根据《明史》的记载，原因之一是两广、云南人大多愿意"仕远"。《明史》记载："时交阯新定，州县官多用两广、云南举人及岁贡生员之愿仕远方者，皆不善抚字。宗载因言：'有司率不称职。若俟九年黜陟，恐益废弛。请任二年以上者，巡按御史及两司实举按以闻。'帝是之。"③

明宣德三年(1428)交阯三司废除，上表所列人士有记载的回内地者仅刘甘志一人，这些人的后裔今日何在？恐怕大

---

① 明代除廉、钦二州有人到交阯做官外，广西象州也有五人迁入交阯做官，包括冯敏（永乐六年，任交阯通判）、潭渊（任交阯照磨）、银深（任交阯知县）、雷迅（任交阯主簿）、贾敬（任交阯县丞）。——梁方津修：《象县志》卷三，1948年抄本。

② ［明］丘濬：《平定交南录》。

③ 《明史》卷一百五十八。

多已被同化为当地人。

清代时,刘永福援越南抗法后归钦州,带有不少曾与他并肩战斗但牺牲的旧部的亲人,这些人中有不少越南人。刘永福把这些人安置在今日钦州市的攀桂街。笔者曾亲自到钦州刘永福故居考察,其居宅包括木家具、梁柱在内的大多数材料都是经海路从越南北部沿海直接运到钦州的。

三、廉州所藏越南昭光寺钟与越南在廉州修建的东山寺

廉州曾经在康熙年间收得一越南昭光寺钟,而越南陈朝又曾经在廉州修建东山寺,这是廉州与越南北部文化交流的又一明证,而对此二者所传递的信息进行考证,则显得特别重要,因为它们是廉州与这些地区在历史上进行文化互动的重要证据。法国远东学院曾与越南汉喃研究院进行合作,对这一钟铭内容进行考证,但仍存贻误,本文略以补正。

(一)昭光寺钟及铭文

较早记载廉州收得越南昭光寺钟的史籍当属吴震方的《岭南杂记》。他在书中说道:"康熙十三年(1674)六月,廉州海滨风雨昼晦,有龙在海面往来口触,海水顿涌数丈,守兵以炮击之,一物从空而坠落。少顷水退,沙际得一钟,高三尺余,围径二尺余。种纽龙首,为炮击碎,取悬寺钟,击之,地方辄有事,遂不敢击,置之府学中。偏身小龙雷纹,精工异常,朱

绿斑驳，不知何代之物而出于海滨，钟亦无铭无识可考。"①吴氏所记当是旁听所来，所以才说"钟亦无铭无识可考"。

对于吴震方的记载，清乾隆廉州知府周硕勋在修撰《廉州府志》时云："康熙十三年(1674)甲寅春二月，安南国王黎维禋遣陪臣入贡由钦州归国。六月，合浦古钟见，载石门吴震方《岭南杂记》……钟亦无铭无识可考。是说也，尝询之粤人，无有知者，岁幸末六月，余守廉甫，莅任诸务棼如未遑也。九月，朔，谒庙觅得之，镕范精致，与《岭南杂记》所载无异，钟有序有铭，为翰林学士胡宗鸷撰，书史正掌阮廷阶书，系以皇越昌符九年岁次乙丑春二月下澣日。当是安南国王李日尊僭号，各官皆安南陪臣，所云九年乙丑则宋仁宗天圣三年(1025)也。序称宁卫将军陈遣得钟于单口台海口，将悬之昭光寺，乞鸷为铭，然则钟之作又不知始自何年，真古物也。惜其文俚不足述，惟书法颇工，吴云无铭识可考，殆亦传闻失实。因命学官好藏之，知府周硕勋识。"②此记载则可证翁方纲在《粤东金石略》所引《廉州府志》记载当是乾隆本《廉州府志》所记内容。

清人翁方纲在《粤东金石略》卷九提到廉州府学安南古钟铭："康熙十二年(1674)六月，廉州海滨风雨昼晦，龙门水涌，守兵以石驳之，得钟一，今置廉州府学……"③翁方纲在《粤东金石略》录有此钟铭文，铭文为翁氏于乾隆丁亥(1767)初秋命学官岑绍参、陈西铭所拓，后据该拓本收入《粤东金石略》。

---

① [清]吴震方：《岭南杂记》上卷，商务印书馆1937年版。
② [清]周硕勋：《廉州府志》卷五，乾隆癸酉刻本。
③ [清]翁方纲：《粤东金石略》卷九，乾隆三十六年刻本。

该铭文首题："□仁路外星罡户乡天属童社昭光寺钟铭并序"，末题有："皇越昌符九年岁次乙丑春二月下澣日。"[①]2002年台湾中正大学文学院与越南汉喃研究院合作，出版了《越南汉喃铭文汇编》(第二集)，该书又据翁氏《粤东金石略》录编，把昭光寺钟铭文列入所收越南陈朝汉喃铭文第四十号，有越南学者黄文楼教授引言和台湾学者耿慧玲教授考释。鉴于此钟铭文乃廉州与越南交流的一大明证，笔者本文将在前人学者研究的基础上对这一钟铭内容进行进一步考证。

《越南汉喃铭文汇编》所引《粤东金石略》中昭光寺钟铭文为1977年4月台北学海出版社影印光绪十七年(1891)广州石经堂影印石洲草堂本。另考翁方纲撰《粤东金石略》，乾隆三十六年(1771)刻本，该本卷九说道："《府志》云：'昌符'当是安南国王李日尊僭号，所云九年乙丑则宋仁宗天圣三年(1025)也。吴云'无铭识'，殆传闻失实耳！按《宋史》交阯传，日尊之嗣为王，在至和二年(1055)，其称帝在熙宁二年(1069)，终日尊之世，无乙丑，而史载日尊自帝其国，国号大越，改元宝象，又改神武，无昌符之号。"按此段文字，《粤东金石略》光绪十七年本与康熙三十六年(1697)本略同，但康熙三十六年本紧接着上面文字的记载则与光绪本完全不同："近日钟广汉辑《建元考》□无之及，考之《越史略》则'昌符'乃陈氏纪年之号，其书三卷不著撰人名氏，即撰于昌符之时，载至昌符元

---

① 潘文阁等编：《越南汉喃铭文汇编》(第二集)，台湾中正大学文学院、越南汉喃研究院2002年版，第681—682页。

年(1377)丁巳而止,记其九年乙丑是明洪武十八年(1385)也,可证《府志》之误矣!"①另考道光本《廉州府志》卷二十二金石条也述及昭光寺钟序铭,此书也指出昌符九年为明洪武十八年。②

光绪本《粤东金石略》却载:"(日尊)其子乾德獻献驯象,而《廉州府》载熙宁九年(1076)丙辰郭逵败交阯于富良江,即乾德时事,元丰六年(1083),又犯归化州。恐是乾德以后,僭号仍未革,而宋史未之详儿。铭字颇佳,在阴款獻为难得。《玉海》不载'昌符'年号。"③

笔者另考清人叶昌炽所撰《语石》说道:"安南虽同文之国,未见石刻。惟廉州有一钟,余在广南时曾得拓本一通。④首一字即阙,题'□仁路外星罡⑤户乡天属童社昭光寺钟铭并序……'覃溪(即翁方纲)《粤东金石略》考昌符九年为明洪武十八年。是钟康熙十三年廉州海滨风雨昼晦龙斗,守兵于海中网得之,今存府学。"⑥此段文字的记载当可以证明《粤东金

---

① [清]翁方纲:《粤东金石略》卷九,乾隆三十六年刻本。
② [清]张堉春修:《廉州府志》卷二十二,清道光十三年刻本。
③ [清]翁方纲:《粤东金石略》光绪十七年广州石经堂影印石洲草堂本。
④ 昭光寺铜钟现藏合浦县博物馆,经中国历史博物馆鉴定,定为一级藏品。昭光寺铜钟铭文一些文字已经被刮去,现已不清楚,除清人翁方纲、叶昌炽均有较为清晰的拓本外,2007年中国嘉德国际拍卖有限公司以2200元人民币拍卖了一昭光寺钟铭拓本。该拓本为纸本手卷,题识:杭州邵锐记。鉴藏印:庄、茗生所藏,邵锐、茗生、无闷室、慕陵鉴藏。
⑤ 按"罡"字,叶昌炽撰《语石》、陆增祥撰《八琼室金石补正》和翁方纲撰《粤东金石略》乾隆三十六年刻本均为"罟",此当为"罡"字的"异体字"。
⑥ [清]叶昌炽:《语石》卷二,辽宁教育出版社1998年版,第60页。

石略》乾隆三十六年刻本的记载更为可信。而非"至《四库全书提要》评论越南史籍《越史略》之价值时，方以《越史略》后附陈朝纪年中之'今上昌符元年乙巳'一条，推算本钟铭为明洪武年间所铸，以正《廉州府志》之说。"[①]《廉州府志》对"昌符九年"考证错误为乾隆本《廉州府志》内容，上文已有述及。而"元年丁巳应该为洪武十年"，较早勘正者当推朱桂昌先生。朱桂昌先生在1979年编写了《中越朝日四国历史年表》，已经列出陈日焜昌符元年为明洪武十年(1377)。[②]

《越南汉喃文献汇编》所录《昭光寺钟铭》仍有缺漏，笔者综考乾隆本《粤东金石略》、乾隆、道光本《廉州府志》、《八琼室金石补正》和该铭文拓片照片，把昭光寺钟序铭文全录如下：

利仁路外星罴戶鄉天屬童社昭光寺鐘銘並序
是歲二月有人自葆和持書一紙來京師，謁余於東關。余受而閱之，乃寧衛將軍管山領南柵聖翊軍賜金圓符陳遣乞鐘碑銘之書也。其言曰："遺於襄歲，與諸將奉命西伐，軍次單□台海口，與士卒漁於海畔，偶得茲鐘，視之無窾掫之形，叩之有瀏亮之聲，頗若新出於金盧革备者。便示諸將，皆以為吉兆。乃載歸童鄉，罨于先人所作之寺。

---

① 潘文阁等编：《越南汉喃铭文汇编》(第二集)，台湾中正大学文学院、越南汉喃研究院2002年版，第684—685页。

② 朱桂昌编：《中越朝日四国历史年表》，云南民族学院民族研究所1979年版，第144页。

今歲新寺成，將以其年三月設開光慶讚法會。茲以鐘碑並未有銘，敢丐公一言，刻之以詔於將來，俾後之觀者，有以知得鐘為寺之因由，廝遣之所願也。"予謂物於天地間，無有逃乎數者，況鐘乎！夫不得於他人，而得於寧衛之手；不淪沒于波濤洶湧之間，而舒揚於殿宇森嚴之上，豈非數歟！然不知寧衛得鐘耶？鐘得寧衛耶？以為寧衛得鐘則不過擅利鐘之用而已；以為鐘得寧衛，則鐘之所以期於寧衛者，遠且大矣。鍾云、鍾云，音聲雲乎哉！銘曰：

嗚呼斯鐘，八音之一。沉于海波，殆成棄物。

數不可逃，理有可必。舉網得之，一朝浮出。

濯爾泥污，發爾精明。穹隆其質，瀏亮其聲。

乃載之歸，童鄉之寺。懸之飛樓，用為法器。

寧衛得鐘，眾人所云。鐘得寧衛，惟予所聞。

尚揚乃武，以樹乃勳。與鐘俱鳴，永永無垠。

皇越昌符九年歲次乙丑春二月下澣日。

光祿大夫守中書令兼翰林學士奉旨賜金魚袋上護軍胡宗鷟撰。

中涓大夫内寢學生書史正掌下品奉御阮廷玠書。

御前造作内局阮迁鐫。

清人陆增祥撰有《八琼室金石补正》，卷一百三十也收有此铭文，与《粤东金石略》所录铭文相比，此铭文首"利"字不缺。笔者查吴兴刘氏希古楼刻本《八琼室金石补正》，陆氏并未对铭文进行任何考释，但在铭文末尾注名引自《筠清馆金石记》。《筠清馆金石记》今已罕见，笔者藏道光版《筠清馆金石录》五卷，未见收有昭光寺钟铭文，但吴兴刘氏希古楼刊本《八琼室金石札记》卷一收有《筠清馆金石记自序》一文，文中说道："筠清馆者，南海吴荷屋先生自名之室也。先生抚湘不矜，廉察不事纷扰，吏民乐之，湘人至今称之。时际国家无事，得以从容岁月，肆意金石，口辑成书，其书专补萃编之不足，名曰《筠清馆金石记》。自汉以逮辽金，益以西夏、伪齐、高丽、越南、日本诸碑……。"[①]另考吴氏所编《筠清馆金石目》安南条录有昭光寺钟铭条，条记："(昭光寺钟铭)昌符九年(1385)二月，胡宗鸷撰，阮廷玠正书。"[②]据此可证《筠清馆金石记》当收有《昭光寺钟铭》。

笔者藏有此铭文拓片照片，从书法视角审视，铭文以楷书行文，字迹劲秀，镌造工整，可证14世纪越南对汉字书法之谙熟。

(二) 东山寺

无独有偶，廉州除藏此越南古钟外，还有一个越南修建的寺庙——东山寺。笔者曾在两年前有幸造访过一次，东山寺住持释智梁法师曾委托笔者对此寺渊源进行考证。释法师说此寺只传闻为李朝李日尊行宫，其他沿革不详。笔者考崇祯《廉

---

① ［清］陆增祥：《八琼室金石札记》卷一《筠清馆金石记自序》，上海古籍出版社2002年版。

② ［清］吴荣光编：《筠清馆金石目》，北平燕京大学图书馆1936年晒印本。

州府志》卷十四,收有《外纪志》,《外纪志》写道:"纪而曰外,外之也,神祀崇而人民惑,崇德报功之外,司世教者辟之可也。及纪者猎较之意也,御灾捍患,血食与食土之毛者,吉凶同也。安南邻徼,守在四夷,故附焉志外纪。"①《外纪志》首述玄妙观,次记东山寺。"东山寺,在府治东一里,即南越昌符间所建,灵觉寺故址,年久圮坏,万历二十九年(1601)本府重修焕然。圆觉堂即东山寺前堂。万历二十九年本府同知涂巍鼎建东山寺,原无田,故无僧以守,万历三十(1602)年,署府同知涂巍买给田亩,其田总记粮米二石一斗六升零,土名老熊田,横江丹田,底仆口留垌、杨梅垌等处,又寺前店租系寺僧办香。"②明代时,廉州知州还曾在东山寺设僧纲司。《古今图书集成》又记载:"东山寺,在府治东一里,即南越昌符间所建……皇清康熙十一年(1672)知府徐化民率属捐资修葺复旧。"③再考道光《廉州府志》卷二十四记载:"廉郡东山寺,宋宝山成禅师所创者也,至国朝永乐十年(1412)僧珏净重修之,而僧纲司爰置于斯焉。第寺名虽有共中殿宇,廊庑皆缺,佛像黝恶,亦鲜庄严,至永乐十七年(1419)有释普聪者拜市化缘,居民士校争施□币,于是重建佛殿伽蓝祠,列祖堂,庖湢山门,□□□造三世佛,暨观音、罗汉、天王列祖诸像,□□□焕然一新,寺前凿

---

① [清]张堉春修:《廉州府志》外纪志,清道光十三年刻本。
② [明]张国经辑:《廉州府志》卷十四,日本内阁文库藏明崇祯十年刻本。
③ [清]陈梦雷编:《古今图书集成·方舆汇编·职方典》第一千三百六十四卷,清光绪图书集成印书局1883年聚珍本。

潴水,后植竹蓺蔬。监察御史周叔达,按部驻节为篆海角亭第一峰五字揭于楣,进士喻俊为书东山寺牌额,诚廉郡一清净庄严之地也。"① 由此可证明东山寺非李朝时越南所修,而可能是越南陈朝时建的。

按崇祯《廉州府志》所记廉州东山寺为南越昌符年间所建,但未题此昌符为越南陈朝纪年。东山寺为南越昌符年间建,昭光寺钟为昌符所铸,又在康熙十三年(1674)流落廉州,此二者是否有联系? 14世纪廉州与越南沿海在佛教领域是否曾经有过密切交流?今存以备考。

四、结 语

从以上所述我们可以看出,历史上廉州、钦州与越南北部曾有着密切的文化交流与人员往来。清代时廉州、钦州与越南北部的海上交流已大不如前,其原因主要包括中越海盗的猖獗和清朝的"海禁"政策等。海盗不断劫掠钦、廉和越南北部沿海,占据廉、钦通往越南北部沿海的重要港口,乾隆本《廉州府志》卷五和雍正《钦州志》皆有记载:

> 顺治七年(1650)庚寅,春二月,海贼邓耀踞钦州龙门。
> 顺治十一年(1654)甲午,春二月,海贼邓耀大肆

---

① [清]张堉春修:《廉州府志》卷二十四,清道光十三年刻本。

掳掠。

顺治十八年(1661)辛丑，春正月，海贼邓耀余孽杨彦迪、杨三①复踞龙门。

此外，"海禁"对于廉、钦二地乃至广州与越南沿海的往来也是非常的严厉，清道光张堉春所修《廉州府志》录有《禁越南国假道上大府书》可窥一斑，全文如下：

窃照越南国之万宁、先安等州与钦州南界毗连防微杜渐以弭患未然，守土官不敢不谨。道光九年冬，钦州州判具禀天南桥巡役江坪街长带同越南国商舶书吏范兴诗等称系前往广东省城采买纱缎、药材、货物，由廉郡舍舟趋陆，请马念放行，并抄呈道光九年六月官给会照一纸及越南国文凭一纸到府查阅，抄呈照会内系传宣谕旨令国王恪守旧章于广东钦州、广西水口等关及附近陆路，往来贸易并无由陆路径往广东省城贸易之语。乃今夏方给照会，冬即赍文请由陆路往省是明。知由海道之请不能行，欲藉陆路贸易以成其通市之谋，非细故也。前明成化间，朝鲜国请改贡道自鸭绿江直抵前屯山海，刘大夏以为不可，曰："朝鲜贡道自鸭鹅关出辽阳经广宁过前屯而后入山海迂回三、四大镇，此先世微意也。路径大熟，恐贻

---

① 陈荆和先生早年曾认为杨彦迪即杨三，杨彦迪后归附越南南方阮氏政权一事已载越籍《大南实录》。

他日忧。"幸丸不许。兹该国请由钦州陆路抵省正与朝鲜国请改贡道情事相同,稽查旧章历无越南国商使进口往省採买方货物,事属创始,与前次遣官护送顺带货物者不同,若准其假道则通市贸易之端既启,后此必源源而来,设有远隔重洋之国闻风而至或假道越南,挽越混入,不但妨碍内地旧□□,越南边界海防亦多未便,飞饬钦州州判将照会内恪遵旧章。①

有幸今日中越之间的文化交流已日益恢复频繁,北部湾各地区的人员与贸易往来更有迅猛发展之势。如何进一步扩大今日钦州与越南北部沿海之间的经贸、人员和文化的交流?这是一个值得思考的问题。历史上的经验、教训同样值得挖掘与借鉴。

---

① [清]张堉春修:《廉州府志》卷二十五,清道光十三年刻本。

明代的交阯进士[①]

中国首创的科举制度,曾为朝、日、越等国共享。虽然三个国家的言语不同,但知识分子都曾诵读儒家经典,共习《四书》《五经》,当时可谓是"书同文"的时代。明太祖朱元璋于洪武年间即向高丽、安南、占城等国颁行科举诏,给各国儒士同台竞技提供了难得的机会,让其他地区的人才与明朝人一样,共享"金榜题名"的激动与荣幸。整个明朝时期,登第者还包括高丽和交阯两地人。明洪武时,高丽国有三人入试,其中金涛登三甲第五名。而迁入内地的交阯人在明代进士题名碑中有名者有六,可证当时交阯地区人才不乏。笔者此文略取中越有关史籍及碑文史料对明代的交阯进士进行论述。

一、明代六位交阯进士的科考情况

记载明代交阯人中第进士的史籍有明人俞宪所撰《皇明进士登科考》,惜此书难得一见;还有明代万历年间王世贞所撰《弇山堂别集》,该书卷十八外国人进士条记载:

[①] 本文原载《科举学论丛》2009年第一辑,线装书局2009年版。

洪武辛亥(1371)，高丽国人入试者三。金涛登三甲五名，其国之延安人也，授山东安丘县丞，归为其国相。景泰五年(1454)甲戌进士黎庸，交阯清威人，阮勤多翼人，勤仕至工部左侍郎。天顺四年(1460)庚辰，阮文英慈山人，何广扶宁人。成化五年(1469)己丑王京，嘉靖二年(1523)癸未陈儒，俱交阯人，儒仕致右都御史。①

以上记载被清人龙文彬《明会要》卷四十七引用。②考明人张朝瑞撰《皇明贡举考》就以上进士登第情况记录比较详细，笔者略统计表一：

表一　张朝瑞撰《皇明贡举考》有关进士情况表

序号	科考年份	当年进士数量	进士姓名	名　次	籍　贯
1	景泰五年(1454)	一甲3名，二甲129名，三甲217名	黎　庸	三甲第52名	交阯清威县③
2	景泰五年(1454)	一甲3名，二甲129名，三甲217名	阮　勤	三甲第80名	交阯多翼县④
3	天顺四年(1460)	一甲3名，二甲50名，三甲103名	阮文英	二甲第17名	交阯慈溪县⑤

---

① ［明］王世贞撰、魏连科点校：《弇山堂别集》卷十八，中华书局1985年版，第336页。
② ［清］龙文彬撰：《明会要》，中华书局1956年版，第880页。
③ ［明］张朝瑞撰：《皇明贡举考》，齐鲁书社1996年版，第581页。
④ 同上。
⑤ ［明］张朝瑞撰：《皇明贡举考》，齐鲁书社1996年版，第592页。

续表

序号	科考年份	当年进士数量	进士姓名	名次	籍贯
4	天顺四年（1460）	一甲3名，二甲50名，三甲103名	何广	三甲第56名	直隶滑县籍，交阯扶宁县人①
5	成化五年（1469）	一甲3名，二甲75名，三甲169名	王京	三甲第78名	江西信丰县籍，交阯人②
6	嘉靖二年（1523）	第一甲3名，第二甲142名，第三甲265名	陈儒	二甲第26名	锦衣卫③，交阯人

《弇山堂别集》所录与《皇明贡举考》略有出入。一则阮文英的籍贯不同；二则陈儒籍贯《皇明贡举考》未提"交阯"，只提"锦衣卫"。又考《明清历科进士题名碑录》，则六位交阯进士的科考情况情况又略有差异(表二)。

表二 《明清历科进士题名碑录》有关进士情况表

序号	科考年份	当年进士数量	进士姓名	名次	籍贯
1	景泰五年（1454）	一甲3名，二甲129名，三甲217名	黎庸	三甲第52名	交阯府清威县民籍④
2	景泰五年（1454）	一甲3名，二甲129名，三甲217名	阮勤	三甲第80名	交阯多翼县民籍⑤

---

① [明]张朝瑞撰：《皇明贡举考》，齐鲁书社1996年版，第593页。
② 同上书，第609页。
③ 同上书，第719页。
④ 《明清历科进士题名碑录》，台湾华文书局1969年版，第252页。
⑤ 同上书，第254页。

续表

序号	科考年份	当年进士数量	进士姓名	名次	籍贯
3	天顺四年（1460）	一甲3名，二甲50名，三甲103名	阮文英	二甲第17名	交阯北江府武宁州慈山县民籍[1]
4	天顺四年（1460）	一甲3名，二甲50名，三甲103名	何 广	三甲第56名	直隶滑县官籍，交阯扶宁县人[2]
5	成化五年（1469）	一甲3名，二甲75名，三甲169名	王 京	三甲第78名	江西赣州府信丰县官籍，交阯人[3]
6	嘉靖二年（1523）	第一甲3名，第二甲142名，第三甲265名	陈 儒	二甲第26名	锦衣卫官籍[4]

在明代，每届科考后，明廷都会立进士题名碑用以昭皇恩，激励学人。由于历史的原因，记载有交阯人名字的进士题名碑保存不多，保存下来的多在北京国子监。北京图书馆藏有进士题名碑的拓片，这些拓片对考证明代交阯进士的信息具有权威的史料价值，笔者略述如下：

1.景泰五年（1454）进士题名碑

景泰五年进士题名碑，刻于景泰五年，碑在北京东城区国子监。北京图书馆藏拓片阳碑身高164厘米，宽104厘米；额

---

[1] 《明清历科进士题名碑录》，台湾华文书局1969年版，第278页。
[2] 同上书，第282页。
[3] 同上书，第329页。
[4] 同上书，第624页。

高47厘米,宽33厘米;阴高160厘米,宽93厘米。陈循撰,董屿正书并篆额,阴刻试官题名。①

虽然明景泰五年进士题名碑保存至今字迹略显模糊,但是黎庸、阮勤的名字依然明显,黎庸籍贯仍可以判断,为"交阯清威县学生",阮勤为"交阯多翼县国子生"。惜其他字迹模糊,黎庸和阮勤的名次难以判断。

2. 天顺四年(1460)进士题名碑

天顺四年进士题名碑,1460年刻,碑在北京东城区国子监。北京图书馆藏拓片阳碑身高254厘米,宽90厘米;额高36厘米,宽34厘米;阴高140厘米,宽91厘米。李贤撰,凌耀宗正书并篆额,阴刻试官题名。②

此碑拓片甚为清晰,交阯进士阮文英的名字也非常明显,其为"交阯慈山县人,国子生"。根据拓片则阮文英为二甲第十七名。

何广的名字也在碑文中,但何广在碑文中为"(直隶)大名府滑县人,国子生"。排名三甲第五十六名。

3. 成化五年(1469)进士题名碑

成化五年进士题名碑刻于成化五年三月。碑在北京东城区国子监。北京图书馆藏碑文拓片阳碑身高178厘米,宽94厘米;额高38厘米,宽29厘米。彭时撰,林章正书并篆额。阴

---

① 北京图书馆金石组编:《北京图书馆藏中国历代石刻拓本汇编》第51册,中州古籍出版社1989年版,第195页。

② 同上书,第29页。

刻试官题名。[1]

碑文本有进士王京的记载，惜碑文字迹已经模糊。

二、交阯六进士小史

黎庸，交阯清威县人。据《明实录》记载，清威县属交州府威蛮州。[2]另据早年越南史专家张秀民先生的研究，黎庸于明正统十一年(1446)任湖南浏阳知县，天顺元年(1457)后任湖北省大冶知县，其墓犹在，有墓志铭。[3]其他事迹不详。

阮勤。据《明孝宗实录》卷一百四十八记载：勤字必成，安南多翼县(多翼县属交阯新安府)人，父占籍山西长子县。勤，景泰五年(1454)进士，授南京大理寺左评事，丁忧。服阕，复除右寺评事，迁右寺副。升台州府知府，能除吏弊，导民利，民甚爱之。既去任，立石纪其政绩。历升山东左参政、左右布政使，都察院右副都御史，巡抚陕西。召为兵部右侍郎，寻转左。未几，调南京刑部。累以老疾乞休致，不允。后九载，奏绩，升正二品俸。乞归省墓，濒行，复经疾申前请，始许之。进阶资善大夫。后五年，再以诏，例进一阶。至是卒，讣闻，赐祭葬如例。勤为人清慎，政绩可睹。扬历中外四十余年，

---

[1] 北京图书馆金石组编：《北京图书馆藏中国历代石刻拓本汇编》第52册，中州古籍出版社1989年版，第71页。

[2] 李国祥主编：《明实录类纂·涉外史料卷》，武汉出版社1991年版，第600页。

[3] 张秀民：《中越关系史论文集》，台湾文史哲出版社1992年版，第102页。

始终如一日，为士大夫所称述云。①

阮文英。据进士题名碑记载其原是交阯慈山人，慈山县明时属北江府武宁州。查《嘉靖广西通志》卷八，表六，秩官记载"柳州府知府……阮文英，交阯人，顺天籍，进士，成化十二年任"。② 阮文英之政绩不载《柳州府志》，唯阮文英于成化十三年(1477)主持重修刘贤良祠，今祠堂仍存，可证阮文英在柳州任知府时政绩亦有可睹。

何广，字博之，又字约斋。父汝隆(号菊庵)，原籍交阯扶宁县(扶宁县明时属交阯三带州)。明永乐中归顺，明成祖奖赐银牌，正统六年(1441)，任直隶滑县主簿，天顺四年(1460)中进士，后任工部都水清吏司主事。何广学识渊博，滑县寺庙碑文多出其手，文中题名仍书交州人士。何广死后葬滑县。③

王京。万历《琼州府志》记王京作江西"信丰人"，成化中任琼州知府。④后又曾两任刑部郎中。⑤其他信息史籍记载很少。

陈儒，别号芹山。祖籍交阯布政使司义安府支罗县，其先祖陈仕于永乐中入锦衣卫百户，至陈儒已是第四代。陈儒曾

---

① 李国祥主编：《明实录类纂·涉外史料卷》，武汉出版社1991年版，第783页。

② [明]黄佐撰、林富参修：《嘉靖广西通志》，《北京图书馆古籍珍本丛刊》第41册书目文献出版社1998年版，第113页。

③ 张秀民：《中越关系史论文集》，台湾文史哲出版社1992年版，第133页。

④ 《琼州府志》卷九(日本藏中国罕见地方志丛刊)，书目文献出版社1990年版，第299页。

⑤ 张秀民：《中越关系史论文集》，台湾文史哲出版社1992年版，第90页。

历任提督浙江学政、山东布政使、南京户部刑部侍郎、右都御史总督漕运、巡抚淮阳。后徙居宜兴，其墓仍在宜兴。①陈儒今有遗著《芹山集》四十卷存世。②北京图书馆藏明嘉靖本《芹山集》三十四卷。③《芹山集》卷三十四墓志铭曰：

> 公讳儒，字懋学，姓陈氏，世出交南，其先有仕者，为义安卫百户。仕之子曰复宗，当宣德时，父子并从王师征黎氏有功，以所属如京师，宣皇嘉其忠义，赐第长安。授锦衣卫百户，正统己巳，北虏犯阙，复宗曰："事急矣！臣请以象战。"遂身先入贼，中流矢。虏退，复以功进一级，升本卫千户，世袭。又诏其子孙世补京学弟子，员食廪应科贡，复宗配唐氏，生二子，长曰广，袭阴。次曰贤，入太学，充教职，仕至纪善，配田氏，是为公之考妣。复宗，贤，以公贵，累赠刑部右侍郎，唐氏、田氏赠淑人。公自少颖异，七岁时读书辄成诵，比长博学能文，名冠诸生。为人刚方严毅，不少婉婴。面目清癯，音吐洪亮，好礼法，以绳墨自检，不失尺寸，其居官节俭正直，始终不易其操，尤善鼓舞。其精力不分人所明暗而分勤怠，笃志慕古……公生于弘治戊申（1488）七月五日，卒于嘉靖辛酉（1561）

---

① 张秀民：《中越关系史论文集》，台湾文史哲出版社1992年版，第95页。
② 《明史》卷九十九。
③ 《北京图书馆古籍珍本丛刊·集部·明别集类·芹山集》，书目文献出版社1998年版，第18页。

二月二十日,享年七十有四。①

三、明代交阯人才迁入内地情况略考

明代交阯人才迁入内地大致可以分为几种情况:

(一)朝贡时献入或应明朝要求遣送人才

明代时,越南在朝贡中国时,常献入各种人才,如阉人、象奴等,明朝有时也要求越南遣送一些僧侣或按摩女。《明实录》对此记载颇详:"(洪武十七年,即1384年,十二月)是月,国子助教杨盘等使安南还,陈炜复遣其臣黎亚夫等随盘进表,祝明年正旦,且贡阉竖三十人。"② 两年后,陈炜又贡阉竖十九人。"(洪武十九年,即1386年,十二月戊申)安南陈炜遣中大夫杜英弼等奉表,贡金银酒器三十三事,并阉竖一十九人。"③ 随"贡象",越南也献象奴。"(洪武二十一年,即1388年,十二月癸丑)安南遣其臣阮完等来上表,谢所赐敕书及文绮,贡象四只,象奴三人。"④

越南史籍《大越史记全书》对明朝要求遣送僧人和按摩女有记载:"(明洪武十三年,1380)三月,明遣使来求僧人二十

---

① 《北京图书馆古籍珍本丛刊·集部·明别集类·芹山集》,书目文献出版社1998年版,第279页。
② 李国祥主编:《明实录类纂·涉外史料卷》,武汉出版社1991年版,第564页。
③ 同上书,第565页。
④ 同上书,第567页。

名。初，我国送内人阮宗道、阮算等至金陵，明帝以为近臣，遇之甚厚。宗道等言，'南国僧解建道场愈于北方僧。'至是求之。"①"（洪武二十八年，1395）明又遣使求僧人、按摩女火者，皆少遗之。"②

（二）永乐时期迁居

按明永乐时交阯人迁居内地也可分为四类：一是交阯俘虏；二是明朝招揽并遣送的大批交阯人才；三是当时交阯人才自己归顺明朝而迁入内地；四是交阯土官获提拔，迁到内地为官。

1. 交阯俘虏

交阯俘虏又可分为两类，一是幼年男童。《明实录》记载：（永乐三年十一月癸酉，1405）敕交阯总兵官张辅等曰："今交阯已平，如有反侧，必当剿灭。然宜戒饬将士不可滥及无辜，虽凶逆之家，其幼稚男子皆不可杀，但驱入内地，或为民或为奴……。"③后来对营建北京城有重大功劳的太监阮安，也是这时张辅带回内地的。《明史》记载："范弘，交阯人，初名安。永乐中，英国公张辅以交童之美秀者还，选为奄，弘及王瑾、阮安、院浪等与焉。"④另据明人李乐撰《见闻杂记》："阮安，

---

① ［越南］吴士连等撰、陈荆和编次：《大越史记全书》，日本东京大学东洋文化研究所1977年版，第459页。
② 同上书，第471页。
③ 李国祥主编：《明实录类纂·涉外史料卷》，武汉出版社1991年版，第610页。
④ 《明史》卷三百零四。

交阯人,清苦善谋画,成祖营建北京,大有劳绩。陈芫,交阯人,永乐五年入官,至景泰年卒。"①二是越南胡朝"叛逆"将领,此类人才数量不多,但获得的官位却非常显赫。明朝抓获有才学的人并不完全斩杀或监禁,对于人才还是量才擢用。如黎苍之弟黎澄,由于有制造火器的才能而被重用。严从简《殊域周咨录》记载:"季犛及子苍、伪将胡杜等悉付狱诛之,而赦其子孙。惟苍弟澄进神枪法,诏官之。"②黎澄八十岁时仍获升工部尚书,王世贞《皇明盛事述》记载:"黎澄八十为尚书。"③可见明朝对人才的重视。

2. 明朝招揽遣送人才

明朝正式下令招揽并遣送交阯人才到内地任职始于1407年,而永乐期间通过招揽遣送至内地的交阯近万人。《明实录》记载:

> （永乐五年六月,1407）癸卯……敕交阯总兵官新城侯张辅、左副将军西平侯沐晟等及兵部尚书刘俊曰:"交阯应有怀才抱德、山林隐逸、明经能文、博学有才、贤良方正、孝弟力田、聪明正直、廉能干济、练达吏事、精通书算、明习兵法、武艺智谋、容貌魁伟、语言便利、膂力勇敢、

---

① ［明］李乐:《见闻杂记》卷四。
② ［明］严从简:《殊域周咨录》卷五。
③ ［明］王世贞:《皇明盛事述》卷五。

阴阳术数、医药方脉之人,悉心访求,以礼送赴京擢用。"①

三个月后,首批交阯人才共九千人送至京城,明成祖十分关心这些人才,特下令工部在途中即送衣御寒。《明实录》记载:

(永乐五年冬十月)丁亥,交阯总兵新城侯张辅等奏:"访举交阯郡县怀才抱德、明经能文、博学有才、聪明正直、孝弟力田、贤良方正、练达吏事、明习兵法及材武诸色之人,凡九千人,陆续遣送赴京。"上以冬月气寒,南荒之人不耐,命工部遣官以棉衣靴袜即途中赐之。②

不少工匠后来又把自己的家人带到内地。《明实录》记载:(永乐十一年五月,1413),交阯工匠百三十余人以妻子至京,命所司给钞、米、衣服、居室、病者与医药。③此记载与越南史籍略同:"明永乐十一年,明黄福选取匠人及其家小送燕京造船。"④

这些交阯人才以及他们的家人为明朝作出了不可磨灭的贡献。

3. 交阯人才"归顺"明朝而迁入内地为官

---

① 李国祥主编:《明实录类纂·涉外史料卷》,武汉出版社1991年版,第603页。
② 同上书,第608页。
③ 同上书,第642页。
④ [越南]吴士连等撰、陈荆和编次:《大越史记全书》,日本东京大学东洋文化研究所1977年版,第507页。

由于"归顺"而迁入内地的人才在数量上很难统计，但估计也不少。《明实录》记载：

(正统元年九月，1436)癸卯，交阯人潘铁成奏："臣以交阯头目，永乐中归化，在锦衣卫带管粮食。今命臣于南京入籍。臣久沾圣化，一旦远违天日，情实不堪。"上命于顺天府入籍。①

4.交阯土官获提拔并迁入内地

因提拔而迁入内地的交阯土官为数并不多。《明实录》记载：

(永乐六年二月，1408)癸卯，交阯土官交州知府阮均、建昌府知府同彦翊、演州府同知黎思凯来朝。升均北京刑部左侍郎，彦翊、思凯为右侍郎。②

(三)宣德以后迁居内地的交阯人才

明宣德以后，交阯又复独立，但也有"归顺"明朝的土官迁居内地，数量也不少，宣德、正统、成化时期都有记载。《明实录》记载："(宣德十年八月甲寅，1435)改交阯归顺土官知府

---

① 李国祥主编：《明实录类纂·涉外史料卷》，武汉出版社1991年版，第731页。

② 同上书，第611—612页。

陈全勖为河南彰德府通判。"《明实录》又载:"(正统元年三月,1436)己丑,赐锦衣卫镇抚司带管百户阮保吉房屋器皿。保吉,交阯人。黎利叛时,尝从官军杀贼,授前职。至是,复援例有请,故赐之。"①(成化三年秋七月辛卯, 1467)太仆寺卿赵昱致仕。昱,交阯人,以归顺为太学生,授光禄寺署正。历升兵部员外郎、太仆寺少卿,景泰五年(1454)升卿。至是,以年老乞致仕,许之。昱自陈远人无所于归,乞赐常禄,得给卿禄之半。昱历官四十余年,勤慎寡过。颇好清致。居京师至十三年卒,赐葬祭如例。"②

迁居内地的交阯人才由于谙晓汉字、熟悉中国文化,从而很快适应了内地的生活,他们的后代也多有成才者。

四、明朝前期科举对交阯的开放程度如同云南等省

明太祖朱元璋非常重视科举、人才,在取得政权不久,便颁布诏书,从诏书中我们可以看出朱元璋对于科举、人才的重视程度。洪武三年(1370)庚戌五月,明太祖颁布《设科取士条格诏》,其诏曰:

> 朕闻成周之制,取才于贡士,故贤者在职而民者有士,君子之行,是以风俗淳美,国易为治,而教化彰显

---

① 李国祥主编:《明实录类纂·涉外史料卷》,武汉出版社1991年版,第730页。

② 同上书,第756—757页。

也……今朕统一中国,外抚四夷,与斯民共享升平之治。自虑官非其人,有伤吾民,愿得君子而用之。自洪武三年八月为始,特设科举以取怀德抱才之士,务在经明行修,博古通今,文质得中,名实相称。其中选者朕将亲策于廷,观其学识,品其高下而任之以官。果有才学出众者,待以显擢,使中外文武皆由科举而选,非科举毋得与官……①

朱元璋对于中外人才不拘一格进行招揽。洪武三年五月同时向高丽、安南、占城等国颁布科举诏,"诏高丽、安南、占城等国如有经明行修之士,各就本国乡试贡赴京师会试,不拘额数选取"。②至永乐九年(1411),明朝科举乡试范围已经开始扩大到"两京十三藩",其中包括交阯,③但是永乐九年至宣德二年(1427)乡试,交阯登科者皆缺。

明朝初期,科举对交阯的开放程度虽不如京师等省,但选取国子生的额数、待遇和放假期限与云南等省类似。《明实录》记载:

(永乐十五年三月丁亥,1417)交阯北江等府、州、县选贡生元邓得等至京,命送国子监进学,赐赉如云南生例。初上既平交阯,即命郡县建学教养生徒。至是,始选

---

① [明]张朝瑞撰:《皇明贡举考》,齐鲁书社1996年版,第454页。
② 同上书,第460页。
③ 同上书,第522页。

贡焉。①

（洪熙元年八月乙卯，1425）行在礼部奏定科举取士之额。先是，仁宗皇帝以为近年科举太滥，命礼部翰林院定议额数。至是奏议：凡乡试，取士南京国子监及直隶共八十人……广西二十人，云南、交阯各十人。②

国子生放假期限交阯与云南、贵州学生一样都是十个月。明朝于永乐十四年(1416)定交阯岁贡儒学生员充国子监,当时规定"府学每年二名,州学二年三名,县学一年一名,后又定府学每年一名,州学三年二名,县学两年一名"。③这些国子生也许是因为很难适应内地的学习生活，经常放假后托故不来，所以到了宣德时期，明廷定交阯国子生十个月的假期。

（宣德宗十二月乙亥）行在礼部奏："两京国子监生多给假还乡,经历年久,托故不来。请遣人提问。"上曰："古云才难,诸生未及仕先负罪名,即为终身之王占。宜量地方远近,定与期限,如再于限外不来,皆发充吏。"于是礼部定限,自移文到日始,交阯、云南、贵州十阅月,四川、

---

① 李国祥主编：《明实录类纂·涉外史料卷》，武汉出版社1991年版，第656页。

② 李国祥主编：《明实录类纂·文教科技卷》，武汉出版社1992年版，第78页。

③ ［越南］吴士连等撰、陈荆和编次：《大越史记全书》，日本东京大学东洋文化研究所1977年版，第511页。

两广九阅月……。①

2009年2月,为调研明代交阯学生的情况,笔者赴北京国子监考察,正赶上国子监举办中国科举史展览,展览明代科举时提及明代国子监专门安排交阯学生单独住在国子监西南角的出处,当时称为"交阯号",那条胡同又称"交阯胡同"。这条胡同后来被改称为现在的"公益巷"。

五、洪武至宣德年间交阯无人登第的原因

朱元璋虽然于洪武三年便向越南颁布科举诏,但越南人自己的科举考试在要求上与明朝仍有不同。越南虽名义上属于藩属,但朱元璋的科举诏对越南并未能产生巨大的吸引力。原因有两点:一方面,洪武时期越南依然实行自己的科举考试,越南史籍记载:"洪武七年(1374)廷试进士,赐状元陶师锡,榜眼黎献甫,探花陈廷琛……故事太学生七年一试,取三十人而已。"②另一方面,中国人才济济,要与中国人才一比高下,恐怕难度不小。

永乐至宣德年间越南虽然内属,明朝也在交阯大兴学校,但一方面,管理的官员才能有限,另一方面,学校的教师水平

---

① 李国祥主编:《明实录类纂·涉外史料卷》,武汉出版社1991年版,第703页。

② [越南]吴士连等撰、陈荆和编次:《大越史记全书》,东京大学东洋文化研究所1977年版,第445页。

也相当有限。《明史》记载:"(黄宗载)寻起御史,出按交阯。时交阯新定,州县官多用两广、云南举人及岁贡生员之愿仕远方者,皆不善抚字。"①《明实录》又载:"(永乐十七年十二月丁酉,1419)巡按交阯监察御史黄宗载言:交阯人民新入版图,劳来按辑,尤在得人。今府、州、县多系两广、云南等处岁贡生员下第举人,未入国学,因其愿仕远方,遂授以职。即乏大学教养之素,又非诸司历试之才……②(永乐九年夏四月,1411)甲寅,交阯左参政刘本言三事:'……三曰:交阯人民颇知读书,然急功近利,喜夸诈,弃本逐末,不顾廉耻。今交州等府已开学校,遴选土官子弟及民间俊秀充生员。除教授官黎景恂等缘是土人,诚恐徒尚虚文,未见实效'。"③

六、余 论

　　明朝宣德以后,迁居中国的越南人中有六人考上了进士,这些进士有些只是第二代的越裔,例如何广。这说明越南人到中国后很快适应了这里的学习和生活环境,由于他们的文化背景与内地相似,所以迁居后他们很快可以与内地其他人才在科举考试中一分高下。

　　明朝对于迁居内地的人才还是比较重视的,并没有对越

---

① 《明史》卷一百五十八。
② 李国祥主编:《明实录类纂·涉外史料卷》,武汉出版社1991年版,第671页。
③ 同上书,第636页。

南人采取歧视和压迫的态度、政策,而是尽量重用,如胡元澄八十岁时明廷仍晋升其为工部尚书。

由于文化相通,两地又同样实行科举考试,在这样的背景下,不仅越南人能考上中国的进士,中国人也有考上越南进士的,如原籍福建的越南阮朝著名大臣潘清简,"其先北国人,明命七年(1826),擢进士第"。① 再如"明乡人"陈时敏,"(清道光二十七年,1847)以陈时敏为北宁按察,(陈时敏)承天明乡人,戊戌进士"。② 这些是史籍有明确记载的,相信也有由于各种原因没有记载的情况。

近日读越南无名氏撰汉文笔记作品《山居杂述》,其中《登中国第》篇说道:"爱州姜丞相公辅,唐时第进士,又第制策异等。弟公復,亦举进士。明时,立石县黄钟社赵泰中,永乐进士,仕翰林学士。闻高皇起兵,乞归省亲。顺天二年,试中宏词第一,仕侍御史,定国朝律条。《坚瓠》载'明初,文教覃及海外,外国英才学于中国而登进士第者:景泰中,黎庸,青威人;阮勤,多翼人。天顺庚辰,阮文英,慈山人;何广,扶宁人(今扶康县,属三带府)。成化己丑,王京;嘉靖癸未,陈儒'俱我国人。阮勤仕工部左侍郎,陈儒仕至右都御使。范承业中光顺丙戌科进士,奉使,中明朝进士,仕至都台。"③

---

① [越南]阮朝国史馆修:《大南正编列传》卷二十六,日本有邻堂1961年版,第7887页。
② [越南]潘叔直编、陈荆和点校:《国史遗编》(下集),香港中文大学新亚研究所1965年版,第385页。
③ [越南]无名氏:《山居杂述》,载孙逊等编:《越南汉文小说集成》第17册,上海古籍出版社2011年版,第242页。

然其中所说"立石县黄钟社赵泰中,永乐进士,仕翰林学士"及"范承业中光顺丙戌科进士,奉使,中明朝进士,仕至都台"与越人常提的两国进士莫挺之一样,在中国史籍中均不可考。《山居杂述》所引《坚瓠》一书乃中国清代学者褚人获(1625—1682)所著,所引内容为褚人获《坚瓠余集》卷之四"外国人进士"条。但《山居杂述》引述时,均略去"交阯"二字。①由此看来,明清之际,对于越人登第明代进士的事迹,两国学界还是比较关注的。

---

① ［清］褚人获:《坚瓠余集》卷四"外国人进士"条。

明代广东、云南人仕交阯录

由于历史原因,明朝统治越南时期的图籍大多已亡佚,笔者查阅存世明清两代两广、云南和琼州方志,得二百二十名边境人才赴越管理交阯。从这些人才数量、籍贯和所担任的官职分析,明朝当时主要任用广东的人才管理交阯,其用意,应该是边境地区的人才较为熟悉交阯的情况。笔者把查阅到的收录于下,盼有志于研究这一段历史的专家进行进一步分析。

一、《广东通志》

卷六十四　选举表二,明朝

邬　骥,东莞人,字弦中,以字行举人材,交阯九真州巡检;

黄　敬,四会人,增广生举人材,交阯主簿;

欧阳晖,四会人,举人材,交阯主簿;

吴伦叙,海康人,举人材,交阯属典史;

陈侬均,遂溪人,举人材,交阯属主簿;

吴　荣,澄迈人,举人材,交阯主簿;

林　志,文昌人,举人材,交阯按察司狱;

欧景新，乐会人，举人材，交阯司狱；

文　明，万州人，举人材，交阯主簿。①

二、《云南通志》

卷二十　名宦

方　用，全椒人，明初由总旗累官至指挥使，随西平侯入滇，洪武间开设六谅卫，即掌口，修城池，建公署，兴屯田，安民御寇，著有嘉绩。永乐间调征交阯，遂留守交州。

卷二十三　列女传

孙彬妻谢氏，三吴人，广南卫军，永乐初挈谢戍交阯清化卫，生子敬……②

三、《儋州志》

地集，选举志

乡举

洪武任武科　吴福，宜伦人，县学生，癸未复试又中，交阯安乐县丞(万历《琼州府志》作交阯清化府安乐主簿)；

---

① 以上内容引自[清]阮元修、陈昌济等纂：《广东通志》，商务印书馆1933年影印本。

② 以上内容引自[清]范承勋、吴自肃纂修：《北京图书馆古籍珍本丛刊·康熙云南通志》，书目文献出版社1998年版。

永乐乙酉科　黄万合,宜伦人,州学生,交阯太原经历;

永乐辛卯科　符苗,宜伦人,州学生,交阯县丞;

岁贡

洪武:

梁能好,交阯平乐知县。

永乐:

陈　进,交阯知县;

戴　政,交阯县丞;

吴　喜,交阯知县;

吴继实,交阯知县;

羊　禄,交阯县丞;

陈添施,交阯判官;

陈　祐,交阯典史;

陈　贤,交阯知县;

薛　福,交阯经历;

陈　严,交阯吏目;

黎　遇,交阯知县;

邓　喜,交阯县丞;

杨　安,交阯县丞;

吴　全,交阯县丞;

符　兆,交阯主簿;

鲁　衍,交阯同知;

林士安,交阯巡检。①

四、《崖州志》

卷十六　选举志

乡举

永乐三年乙酉:

裴　初,水南人,交阯提举,凉江知州;

陈　海,宁远人,交阯缘觉典史。

岁贡

黄孔文,五都人,交阯云屯知县;

林　义,西厢人,凉江府知事;

李　仕,西厢人,交阯司府志知县;

黎　琦,交阯吏目;

黄　水,交阯知县;

裴士龙,《裴氏家谱》作"能"。交阯凤山知县,后改任广西荔浦知县。

唐　能,交阯县丞。

王恭成,临川里人,交阯善才县丞。

---

① 以上内容引自《日本藏中国罕见方志·万历〈儋州志〉》,书目文献出版社1991年版。

慕容敬，南厢人，交阯保禄知县。

吴何敬，五都人，交阯古滕县丞。

廖　芳，五都人，交阯笼县主簿。

林以安，交阯知县。[①]

五、《琼州府志》

卷九

管　成，交阯顺化卫，以正统丙寅选调。

卷十

澄迈：

吴　荣，交阯主簿。

文昌：

林　志，交阯按察司司狱。

乐会：

欧景新，交阯布政司司狱。

万州：

文　明，交阯西栏主簿。

[①] 以上内容引自[清]张嶲、邢定纶、赵以谦纂修，郭沫若点校：《崖州志》，广东人民出版社1983年版。

卷十

乡举

永乐癸未科：

吴　福，宜伦人，举壬午，复试又中。交阯清化府安乐主簿。

永乐乙酉科：

黄万合，宜伦人，交阯太原经历；

杨　荫，万宁人，交阯福安州同知；

斐　初，崖州人，交阯提举凉江知州；

符　俊，昌化人，交阯县丞；

陈　海，宁远人，交阯绿觉典史。

永乐戊子科：

□才顺，琼山人，交阯知县；

符朝宗，琼山苍原人，交阯知县；

谢彦英，临高人，交阯县丞；

符　嗣，宜伦人，交阯知县；

苏　森，万宁人，交阯快利主簿。

永乐辛卯科：

符　□，宜伦人，交阯县丞；

符　进，昌化人，交阯县丞；

陈鼎铉，澄迈万全人，交阯市舶司副提举。

永乐庚子科：

李　芳，琼山海口人，户部交阯司主事；

府学(自洪武至永乐年贡):

龙应璋,□崖人,山西太原同知,升交阯右参议;
戴永庚,那庆人,交阯知县;
林良佑,大林人,交阯清化同知。
冯绍祖,苏寻人,交阯真利知县;
王　熊,万都人,交阯按察司照磨;
林梦春,□塘人,交阯县丞;
林　祚,小林人,交阯知县;
叶守义,□塘人,交阯清化同知;
冯进顺,东厢人,交阯知县;
郭志刚,宜洲人,交阯西兰县丞;
王　莹,东厢人,交阯□岸县丞;
李　贵,烈楼人,交阯梁江县丞;
陈绍荫,东厢人,交阯司农县丞;
张文禄,交阯立石典史;
李　琼,大摄人,交阯典史。

县学:
文昌县

许有庆,奉化乡人,任交阯阳朔县知县;
陈　惠,奉化乡人,交阯阳朔县知县;
云于真,水北都人,任交阯建阳府同知;
林　兰,水北都人,任交阯主簿;
陈任鸾,安知乡人,任交阯县丞。

安定县

周　惠,西厢人,交阯知县国;

王道全,东厢人,交阯虎岩知县;

胡　斌,西厢人,交阯主簿;

胡　钦,东厢人,交阯福安州判;

黄　善,西厢人,交阯镇夷知县;

王　满,交阯四注县丞;

吴　著,东厢人,交阯清江水巡检。

乐会县

严　顾,下□人,交阯□台县丞;

林　辅,西隅人,交阯束山主簿;

王公佑,西隅人,交阯水□知县;

黄　贤,西隅人,交阯县丞;

王公辅,西隅人,交阯□浪知县;

陈公□,西隅人,交阯□州判官;

吴孔圭,西隅人,交阯主簿;

文　华,西隅人,交阯束山主簿。

万州

叶　豫,交阯收□知县;

林　蔡,交阯知县;

黄　潜,交阯丹巴知县;

吴　姬,交阯宣江洲吏目;

黎贤裔,交阯开化典史;

史　膺,交阯蒲邑关巡检。

儋州

陈　进,交阯知县;

戴　政,交阯□□县丞;

张　善,交阯知县;

吴　□,交阯□□知县;

周继实,交阯车来知县;

羊　禄,交阯县丞;

陈添施,交阯判官;

陈　佑,交阯□才典吏;

陈　贤,交阯知县;

薛　福,交阯宣化府经历;

陈　严,交阯吏目;

黎　遇,交阯丘温县县丞;

邓　喜,交阯丘温县县丞;

羊　安,交阯县丞;

吴　全,交阯县丞;

符　兆,交阯县丞主簿;

刘均安,交阯车来知县;

林士安,交阯巡检;

鲁　衍,交阯州同;

以上俱洪武、永乐贡。

昌化县

吉廷誉，交阯知事；

文　荞，交阯三江判官；

陈公察，交阯县丞；

许子厚，交阯当道县丞；

符　颢，交阯东山主簿；

吴　慈，交阯巡检；

符　进，交阯县丞。

崖州

黄孔文，第五都人，交阯云屯知县；

李　仕，西厢人，交阯司□；

黄　玉，交阯知县；

黎　琦，交阯吏目；

唐　能，交阯县丞；

裴士能，交阯凤山知县；

王恭成，临川里人，交阯善才县丞；

伍　贤，交阯清化州□把莲关巡检；

慕容敬，南厢人，交阯保禄知县；

吴何敬，第五都人，交阯右藤县丞；

廖　芳，第五都人，交阯笼县主簿；

华　靳，西厢人，交阯磊江中鼻关巡检；

刘　实,交阯巡检;

裴进贤,交阯清化清都镇巡检;

林以安,交阯知县。

以上永乐贡。

感恩县

苏文举,交阯安□知县;

周　厚,交阯巡椎海□巡检;

苏仕福,交阯太原典吏;

胡　义,交阯巡检;

符　企,交阯典吏;

李　俊,交阯巡检。

国朝　琼山县

黄智仁,交阯镇夷县丞;

林琼琚,交阯宣化县丞。

澄迈县

李茂贵,那留人,交阯巡检。[①]

[①] 以上内容引自《琼州府志》,书目文献出版社1990年版。

六、《高州府志》

国朝举人：

茂名县

周福宁，交阯通判；
胡　荫，交阯知县；
凌子荣，交阯知县；
李　瑛，交阯知县。

信宜

莫　贤，交阯主簿；
彭　晟，永乐戊子交阯知县；
冯　翔，辛卯交阯知县。

化州

蔡　璘，交阯知县；
黄　迪，戊子交阯知县；
林　岗，交阯持平典史；
杨　宁，交阯多站知县。

吴川县

陈　瑛，交阯典史；

黄　俊,交阯吏目。

石城县

禤　昭,交阯佗州知州;
李殷礼,交阯县丞;
全有志,交阯判官。

国朝岁贡

茂名县

林　挺,交阯知县;
梁　材,交阯通判;
杨　惠,交阯县丞;
冯　晓,交阯县丞。

电白县

李　茂,交阯巡检;
何　霖,交阯理问;
李　端,交阯推官;
李宗原,交阯知县;
罗　焕,交阯知县;
凌　佐,交阯主簿;
陆永宁,交阯知县;
李子谦,交阯主簿;
王　□,交阯同知。

吴川县

刘　中,交阯凉山同知;
梁　焕,交阯大□主簿;
李　垣,交阯清波主簿;
吴　□,交阯吏目;
林宗兴,交阯镇蛮检校。

石城县

李　瑞,交阯凉山推官;
罗　焕,交阯知县;
杨　琳,交阯典吏;
苏　泽,交阯多弋巡检。[①]

七、《雷州府志》

卷十四

荐举

何　旺,交阯巡检;
吴伦叙,交阯属县典史;

---

① 以上内容引自《明代罕见地方志丛刊·〈高州府志〉》,书目文献出版社1990年版。

王时寇,儒士交阯宣化典史;

陈农均,阯属县主簿。

举人

永乐六年

林　成,交阯安仁县丞。

岁贡

徐闻县学

永乐

陈　渊,交阯永通知县;

梁　端,交阯神溪知县;

陈　纳,交阯永固知县;

唐克朵,交阯知县;

钟　儒,交阯永通知县;

黄以绍,交阯兴化府经;

陈复新,交阯交州府通;

陈宗爱,交阯东岸知县;

郑　宗,交阯奉化知府;

洪　泰,交阯乙县知县;

吴南金,交阯卫仪县丞;

易　震,交阯武化知县;

吴　渊,交阯唐安知县;

王　荣,交阯万县知县;

戴　衡，交阯绿觉县丞。

洪熙

黄　璟，交阯福康主簿。

宣德

陈　慎，交阯攸县主簿；

宋子哲，交阯石塘县丞；

高仕贤，交阯安仁知县；

陈绍隆，交阯簿栏县丞。①

笔者在《历史上广西钦州、廉州与越南北部的文化往来》一文中谈到明代时廉州、钦州共有四十四名人才赴交阯任职，加上广西象州县的五名，我们现在所发现的明代两广、云南人赴交阯任职的数量就达到了二百六十九名。我们尚未清楚明朝选拔这些官员的标准，但以上列举的信息至少可以证明这些官员是具有学识的。《明实录》还记载当时明朝也有委任安徽人赴交阯任职的："洪熙元年(1425)，调凤阳府同知等一百一十九人为交阯州县官。"②但外省人才入仕交阯可考者甚少。从《明实录》等史料的记载来看，在明代，两广、云南以外人士赴交阯为官可称为"仕远"了。很多地方的读书人不愿意去交阯，而两广、云南的读书人则愿意，这是两广、云南人在交阯为官数量较多的原因之一。

---

① 以上内容引自《明代罕见地方志丛刊·〈雷州府志〉》，书目文献出版社1990年版。

② 李国祥主编：《明实录类纂·涉外史料卷》，武汉出版社1991年版，第685页。

中越书法文化交流[1]

"欲问安南事，安南风俗惇。衣冠唐制度，礼乐汉君臣。"这是15世纪越南胡朝皇帝胡季犛的一首汉诗，它形象地反映了古代中越文化之间的密切关系。汉字在越南的传播，可上溯至公元前214年，秦始皇平定岭南时，汉字就已经传入越南。10世纪中叶，越南脱离宋朝独立，但汉字仍然是其官方文字。不仅如此，越南还仿照中国，以汉字作为载体进行科举取士，直至1918年才下诏废除，比中国科举制度的废除时间还晚。1945年，越南宣布将一种拉丁化"国语字"作为国家的正式文字，汉字在越南才逐渐停止使用。在长期使用汉字的过程中，汉字书法成为了中越两国人民共享的一门艺术。同时，汉字书法艺术又融入到越南本土文字书写艺术中去。

国内有关中越书法文化交流的专门研究不多。1992年，我国越南史专家陈玉龙先生在其与人合著的《汉文化论纲——兼述中朝中日中越文化交流》一书中谈到越南史学与

---

[1] 本文原载梁志明主编：《亚太研究论丛》（第六辑），北京大学出版社2009年，原题《中越书法文化交流探微》，有修改。

文学时略有提及。1996年,贺圣达先生在其著作《东南亚文化发展史》中又说:"对于越南古代书法,研究者极少,能见到其作品者更少。"① 此后十多年国内未见有专门研究越南书法的成果,而越南学者对于古代越南书法的研究也很少。与此同时,国内论述中日、中韩书法交流的成果却日益增多。笔者有感于此,略采中越汉文史籍资料,并取多年收藏的越南书法作品,对中越书法文化交流略以论述。一则说明同属"汉文化圈"的越南与中国在书法艺术上的交流不逊韩国、日本;二则说明汉字书法艺术超越了民族国家的界限,成为了中越人民共享的一种艺术。

一、古代的中越书法交流

由于特殊的历史原因,古代中越书法交流具有三个明显的特点。首先,在越南脱离宋朝独立以前,书法艺术在越南的内涵与在当时中国内地无异。其次,越南在10世纪中叶脱离宋朝独立后,民族主义开始萌芽发展,但是由于仍然实行科举制度,书法的优劣又在一定程度上反映出文人的文化水平,书法好的人在科举中更容易"金榜题名",所以在古代,越南人练习书法也包含一定的功利主义。越南封建王朝不仅是在科举取士时看重书法,在招募士兵时也把书法作为考核的标准之一。如越南阮朝史籍《大南实录前编》记载:"壬申十九年,

---

① 贺圣达:《东南亚文化发展史》,云南人民出版社1996年版,第187页。

兵丁有缺，则照军项选补，每届大选期令各县士子齐就镇营考试，一日用诗一首，策问一道……又试华文字体，中者补舍差令史将臣吏三司……。"①阮朝时善书法者更容易获得朝廷的任用。越南史籍《国史遗编》记载："乙未十六年(1835)，秋七月，诏求书画妙手，系有楷法优美，及画工巧手，来京候选，登楷以首合佳应举。"②最后，古代汉字书法艺术在越南被本土化的表现是喃字书法的兴起。喃字书法艺术虽受到了汉字书法的巨大影响，但从现在保留下来的喃字碑文、庙宇对联等显示，喃字书法在越南同样曾登大雅之堂。

历史上中越之间的书法交流非常频繁，可惜很多证据早已佚失。越南现存最早的汉字碑文为"大隋九真郡宝安道场之碑文"，该碑立于618年，碑文为检校交阯郡赞治日南郡丞兼内史舍人河南道洛阳元仁器撰写。③碑题用小篆体书，字体圆厚，碑文用楷体，字体劲健。韩国保存的最早汉字书法作品为公元85年的《秥蝉神祠碑》。④日本保留的最早汉字书法作品为《江田古坟大刀铭》，年代为公元438年前后。⑤

---

① ［越南］张登桂等：《大南实录前编》卷二，日本有邻堂1961年印行本，第41页。
② ［越南］潘叔直编、陈荆和点校：《国史遗编》(下集)，香港中文大学新亚研究所1965年版，第265页。
③ 法国远东学院、越南汉喃研究院合编：《越南汉喃铭文汇编》第一辑，法国远东学院1998年版，第5页。
④ 陈尚胜：《中韩交流三千年》，中华书局1997年版，第238页。
⑤ 蔡毅编译：《中国传统文化在日本》，中华书局2002年版，第121页。

除碑文外，宋朝以来中国封建王朝颁赐越南各朝的金银印和诏书也不少。金银印为小篆体，诏书则为正体楷书。清代各皇帝更喜好题字"赐予"越南。如康熙帝曾御题"天下师表"四个大字。此外，据《清通典》记载，为表彰越南黎朝助剿吴三桂，康熙二十二年(1683)四月，康熙帝在封越南黎维正为安南国王时，又御书"忠孝守邦"赐之。此事越南正史也有记载，唯赐书月份不同。《大越史记全书》记载："康熙二十二年(1683)，九月，清遣侍读明图、编修孙卓荣来封帝为安南国王，赐御书'忠孝守邦'四字……。"① 雍正二年(1724)十二月，雍正也御书"日南世祚"四大字赐予越南。乾隆四十九年(1784)，乾隆帝又御书"南交屏翰"额赐之。② 乾隆五十三年(1788)，乾隆皇帝又御赐越南国王阮光平"福"字。《钦定安南纪略》记载："御书'福'字，乃出自宸瀚亲挥，大皇帝圣意，非特赐福与国王，并欲令安南举国臣民受福无量。(越南国王)阮光平将恩诏'福'字双手捧举过顶，万分感激欢忭，口称'大皇帝仁慈广被，我安南通国臣民，子子孙孙，永远承受庥庆……'。"③ 如今，除了康熙所题"万世师表"匾额仍高挂在越南首都河内的文庙中外，其他三幅墨迹已难寻踪迹。

---

① ［越南］吴士连等撰、陈荆和编次：《大越史记全书》，日本东京大学东洋文化研究所1977年版，第1013页。

② 《清朝通典》(万有文库本)，商务印书馆1936年版，第678页。

③ ［清］方略馆编：《钦定安南纪略》(故宫珍本丛刊本)，海南出版社2000年版，第397页。

图一　乾隆御笔"福"字

图二　越南阮朝皇帝玉玺——"皇帝之宝"

根据清人笔记的记载,明代安南贡使汉字书法也是相当不错的。清人褚人获《坚瓠补集》卷四记载:"袁中郎[①]墨畦,某日入主客署。遇安南贡使。所贡皆金银瓶炉雕镂等物,不甚精。此外,则白檀及降真象牙而已。问使臣能书否?曰能。以笔授之,草书一首,云:'路绕石桥溪九折,云藏竹坞宅三间。门扉半掩山花落,鸣鸟一声春日闲。'草字几不可识,命以真

---

① 袁中郎,明代文学家。

书注其旁,与中国无异。"①

历史上越南不少皇帝、名儒也都擅长汉字书法。越南史籍《大越史记前编》记载,越南李朝(1010—1225)崇佛,1041年,李圣宗时曾发铜万二千斤制一洪钟置于报天寺,且亲制铭文,并御书一"佛"字,字长一丈六尺。②黎圣宗(1442—1497),名灏,讳思诚,是越南后黎朝的第四代国君,也是一位书法家。越南史籍《大越史记全书》记载,洪德二十七年(1496),"手写所撰诗集四张,命阮敦张于神祠之壁"。③此外,黎圣宗曾有诗一首《书草戏成》,反映其学书心得,诗云:"铁画银钩学古人,闲来试草日将曛。扬扬渴骥宗徐浩,袅袅秋蛇病子云。红锦笺中舒柳骨,彩花笔下束颜筋。壮怀猛涩如春梦,押得经天纬地文。"诗中"柳骨"、"颜筋"二词又可证明柳公权、颜真卿的书法对黎圣宗书法的影响。汉字书法也像中国一样,被书写在纸扇等处,《大越史记全书》又载:"黎景统六年(1503)五月初五日,颁题扇诗,御制警之云'星火昏中夜,蓬芒出壁东。荆方当大水,卫地恐兴戎。循省尤临理,推占谩异同。'"④正是由于书同文,两国在交往中显得相当便利。明朝正德八年(1513),明朝派遣使者到越南公干,后需要写白牌,以便告之广西边境凭祥州官员迎接,但是使者们又不善于书

---

① 〔清〕褚人获:《坚瓠补集》卷四"安南贡使"条。
② 〔越南〕吴时仕:《大越史记前编》本纪,卷二,越南阮朝北城(河内)学堂藏版。
③ 〔越南〕吴士连等撰、陈荆和编次:《大越史记全书》,日本东京大学东洋文化研究所1977年版,第777页。
④ 同上书,第742页。

法，只好找越南人代劳。《大越史记全书》记载："(越南黎朝)洪顺五年(1513)，二月二十八日，明使于北使馆①求善书人，使写白牌，送回本国凭祥州，整饬兵夫，候明使回还。"②黎朝襄翼帝时的慈廉天姥(今属河内市慈廉区)人阮瑀，史载其"善草书，官至刑部尚书"。③

越南封建王朝的最后一个朝代——阮朝(1802—1945)的三位皇帝明命、绍治、嗣德都擅长汉字书法，惜墨迹难寻。从存世越南阮朝刊行的教习汉字书法的书籍来看，其汉字书法之要领，多取长于中国。

阮朝名儒高伯适的汉字书法也颇见功力，世传其草书"笔走龙蛇"。④现在保留下来的阮朝的诏书，全部用汉字书写，书法之精湛，令人赞叹。

昭光寺钟铭也可以看做是中越书法文化交流的一个有力证据。昭光寺钟铸于越南陈朝昌符九年(明洪武十八年，1385)，于康熙十三年(1674)流落于广西廉州(今属广西合浦县)。此钟铭文为越南陈朝官员御阮廷玠书，全文楷书，字迹劲秀，有王羲之小楷之风。由此铭文书法可窥14世纪越南汉

---

① "北使馆"即当时专门负责接待中国使者的专门机构，类似中国的会馆。
② [越南]吴士连等撰、陈荆和编次：《大越史记全书》，日本东京大学东洋文化研究所1977年版，第805页。
③ 同上书，第810页。
④ 陈玉龙等：《汉文化论纲——兼论中朝中日中韩中越文化交流》，北京大学出版社1993年版，第390页。

字书法水平之一斑。①

越南在10世纪时脱离宋朝独立,但越南与中国的之间的"朝贡"关系一直延续着,汉字一直是越南的官方文字。当时,越南与中国虽然保持着"朝贡"关系,但是在文化上,并没有强迫越南一定要接受汉文化。那时,与中国保持"朝贡"关系的国家,除韩、日、越三国外,其他的国家都没有把汉字作为官方文字使用。另外,明朝洪武初年,明太祖虽然向周边国家颁行"科举诏",但是并非所有国家都实行科举制度,明朝也没有强迫任何国家一定要实行科举。汉字书法艺术之所以得到古代越南各个阶层的接受,是因为汉字书法已经成为了一种为越南人所用、所享的艺术。

二、近代的中越书法交流

近代,法国殖民者在越南逐渐推行拉丁化"国语字",试图割断中越文化的密切关系。1884年后,越南成为了受法国保护的"保护国",但是顺化朝廷作为法国的"傀儡政权"仍然苟延残喘。科举在中部和北部得以延续。当时越南精通汉字、谙熟汉字书法的知识分子还是不少。由于越南科举考试时必用汉字,而书法的优劣与金榜题名有密切关系,所以,虽然到了近代,法国最先在越南南方推行法语、拉丁化国语的教育,

---

① 刘志强:《历史上廉州、钦州与越南北部地区的文化互动》,《广西民族大学学报(哲社版)》2008年第4期,第86—92页。

但是越南中部和北部的传统教育仍然保留着。应该说，在得知科举在越南被废除的消息之前，有"考取功名"思想的越南人仍然重视书法的学习。

被称为"越南的孙中山"的潘佩珠，是越南近代著名的民主主义革命者，他同样参加过越南的科举考试，汉文功底深厚。1923年，潘佩珠在上海法租界出版其著作《天乎地乎》时，胡适、沈钧儒均为其题序。潘佩珠曾书《皇家并朝臣贺成泰皇帝无旬庆节表文》，[①]可证其书法之功力。惜其书法真迹多难寻觅，我们只能从其书信笔迹欣赏其一二。现存潘佩珠笔迹亦不多见，笔者仅见其于1909年12月写给当时日本外务大臣小村寿太郎的亲笔信，信的笔迹可证明其行楷之大方。1925年，潘佩珠为悼念孙中山写了两副汉字对联，其一曰《悼孙中山》：

志在三民，道在三民，忆横津致和堂两度握谈，卓有真神贻后死。[②]

忧以天下，乐以天下，被帝国主义者多年压迫，痛分余泪泣先生。

这副对联为学术界所熟悉，但潘佩珠还写了另外一副悼念孙中山的对联——《又悼孙中山》，此联鲜为人知：

---

① ［越南］潘佩珠：《天乎地乎》，上海法租界文明书局1923年版。
② 一作"横滨政合堂"，见贺圣达：《东南亚文化发展史》，云南人民出版社1996年版，第370页。

此以安为乱，南以乱为安，英雄长恨。
我宜死而生，君宜生而死，大造何心！[1]

惜二副真迹均不存，不然当可一睹潘氏书法之风。

三、当代的中越书法交流

文化的交流同样受到中越政治关系的影响。20世纪中叶，书法交流成为政治交往的一个内容。胡志明与董必武等人之间都曾进行过书法交流。1991年中越关系正常化以来，汉字书法艺术及其他形式的书法交流在越南再度逐渐兴起，这是令两国人民高兴的事情。

越南人民的伟大领袖胡志明主席擅长汉字书法，其所留墨迹以楷书居多。胡志明的楷书线条饱满，大方工整，用墨浓淡相间，略似启功先生墨法，但又有唐书法家虞世南楷书之风。擅长汉字书法也曾为胡志明早年在法国的生活提供了便利，根据台湾学者蒋永敬的研究，"大约在1917年末，胡(志明)到巴黎定居下来。由于他具有汉文书法的训练，于是利用他的美妙笔法，以修润照片的收入来维持生活。"[2] 笔者认为，谙熟汉字书法对于胡志明个人的生活还是对于其寻求与中国政治关系的发展都是有利的。

---

[1] ［越南］东西方语言文化中心：《潘佩珠全集》第6册，越南顺化出版社2001年版，第600页。

[2] 蒋永敬：《胡志明在中国》，台湾传记文学出版社1972年版，第14页。

1959年8月，胡志明在游览中国庐山后，题有楷书三字"庐山好"。1961年5月，胡志明游桂林漓江时曾以楷书题诗一首，诗云："桂林风景甲天下，如诗中画画中诗。山中樵父唱，江上客船归。"游桂林阳朔时又题楷书六字"阳朔风景好"。1965年，胡志明与时任中国国家副主席的董必武一同游黄山，董必武曾即兴泼墨，书《别黄山四绝》赠胡志明，胡志明又书《游黄山日记》诗六首赠董必武。胡志明最著名的汉字书法作品当是1968年春所题词"越中友谊，万古长青"。[1]胡志明于1969年9月逝世，此幅楷书当是胡志明逝世前最珍贵的墨迹。胡志明题此八个大字一反其用墨浓淡有致的常法，墨迹极其浓厚，连落款也一样。联系当时越南国内的政治和中越关系的形势，我们可以想象胡志明书写时的心情。

如今，随着中越两国关系的发展，汉字书法艺术在越南方兴未艾。近年来，越南文化部门都会不定期地在首都河内的文庙举办汉字书法展览。越南各地还成立了汉字书法研习中心等机构用以推广汉字书法。很多越南普通老百姓家都喜欢把汉字书法挂在厅堂中作为装饰。每逢春节前夕，很多越南人都会到河内文庙里求字。汉字书法甚至成为了一些年轻人的一种信仰。2006年11月，笔者曾经到河内西湖观光，发现沿着西湖岸边有一条满是书法铺面的街道。在那里，很多年轻人向精通汉字书法的老学者求字。年轻人喜欢求的字包括

---

[1] 广西社会科学院：《胡志明主席与中国》，中国大百科全书出版社1995年版，第2、83、104、105、168页。

"成"、"达"、"福"、"禄"、"发"等。笔者不禁感叹越南人对于汉字文化艺术的深厚认同。

越南老百姓家中最喜欢悬挂的两个字是"福"和"寿"。其原因除了与中国普通家庭一样希望"多福多寿"以外,在越南,皇帝也喜欢在节日书写此二字。越南史籍《国史遗编》记载:"戊子九年(1828),十一月……(绍治皇帝)御笔老子《养生诀》于屏,又御笔'福'字、'寿'字,常问侍臣,以笔法善否,侍臣对曰:'福字大,寿字长。'"与中国一样,古代时,只有少数人才能得到皇帝的御赐亲笔作品。

四、汉字书法艺术在越南的本土化

汉字书法艺术在越南的本土化表现为喃字书法形式和拉丁化文字书法形式。汉字书法艺术在越南的本土化,一定程度上包含着越南民族主义的情感,但更多则是反映出汉字书法的生命力。

(一)越南的喃字书法

越南模仿汉字"六书"创制出喃字大约在10世纪左右。喃字由于是表音文字,更能反映越南人的言语。15世纪初越南的胡朝皇帝曾一度下令喃字为国家文字,但是这个篡位王朝仅存在7年就灭亡了。后来建立的王朝仅西山王朝(1771—1802)规定喃字为国家正式文字。喃字在越南古代之所以缺乏生命力,一方面是因为汉字文化的强盛,另一方面则是喃字本身的缺陷，要学喃字，得先懂得汉字，即喃字比汉字更难学。1870年，越南著名的文人就曾上奏朝廷，认为喃字比汉字更难学，建议学习日本，用汉字的偏旁部首重新创造一套越南文字，可惜这一建议没有被嗣德皇帝采纳。①1945年，越南宣布独立后，即宣布拉丁化文字为越南的官方文字。

由于喃字是模仿汉字"六书"创制的，而且假借字很多，其书法艺术形式与汉字并无太大的区别。古代越南史籍未见有越南文人撰写喃字书法的记载，但有以喃字作诗的记载。越南汉文史籍记载："陈仁宗绍宝四年(1282)八月，时有鳄鱼至泸江，帝命刑部尚书阮诠为文投之江中，鳄鱼自去。帝以其事类韩愈，赐姓韩。诠又能国语(喃字)赋诗，我国赋诗多用国语，实自此始。"②相比之下，越南古代文人更青睐汉字书法。因为喃字书法中的汉字书法艺术的影子太明显。现存古代喃字书法多以对联的形式保存在各种碑文、寺庙中，而且多是楷书、行书字体。

如今，几乎每年在越南首都河内的文庙都会展览一些喃字书法作品，年轻的书法家开始运用汉字书法中的篆、隶、楷、草、行五种字体进行喃字书法创作。他们希望通过运用汉字书法的元素来创造喃字书法的风格。

---

① 范宏贵、刘志强：《越南语言文化研究》，民族出版社2008年版，第252页。
② ［越南］吴士连等撰、陈荆和编次：《大越史记全书》，日本东京大学东洋文化研究所1977年版，第355页。

(二) 越南的拉丁化文字书法

越南的拉丁化文字书法艺术是越南人根据汉字书法的艺术美学，创造的一种新颖的文字书写艺术。这种书法以越南现行官方正式文字——拉丁化字母文字为创作基础，但是有趣的是，这种艺术跟汉字书法一样，都使用中国传统的毛笔、墨汁、宣纸，同时结合汉字书法和拉丁化字母的特点进行创作，而且颇注意线条粗细和用墨浓淡。印鉴模仿汉字印鉴，用红色印油，但是人名采用拉丁化字母。这种拉丁化字体书法艺术带有浓厚的汉字书法艺术的影子，和汉字一样具有非常高的艺术美感，是汉字书法艺术在越南本土化成功的又一艺术形式。

越南拉丁化文字书法的兴起是在20世纪60年代。其创始人是越南著名的学者东湖(Dong Ho, 1906—1969)，20世纪60年代他被任命为西贡文科大学文学系的负责人，在担任这一职务期间，他首先使用铁笔(而不是毛笔)进行拉丁化字体书法的创作。接着著名文人一零(Nhat Linh, 1906—1963)，也开始创作拉丁化字体书法，并把这些作品刊登在杂志上。但是，那时越南拉丁化字体书法还没有形成潮流。至20世纪末，越南顺化法师明德(笔号明德照心影, Minh Duc Trieu Tam Anh)参加在河内举行的"顺化文化周"活动中，展览出自己使用毛笔创作的拉丁化文字书法作品，作品还获得越南文化与通讯部表彰，此事之后，撰写拉丁化文字书法逐渐成为越南书法界的风潮。2005年12月，年仅24岁的越南青年书法家郑俊完成了以越南古典名著《金云翘传》为书写内容的巨幅拉丁化字体书法作品。这一作品长约300米,宽84厘米,足足使用了两公斤墨汁才完成。①这一事件可以说是越南拉丁化字体书法艺术的一个里程碑。

综观越南拉丁化字体书法的各种作品,其字体大致有五种:

楷体。越南语称为"真字"(Chan Tu)或"真方字"(Chu Chan Phuong)。这一字体与汉字楷书一样,很容易辨认。

行楷。越南语称为"变字"(Bien Tu)或"格调字"(Chu Cach Dieu)。这种字体因人而异议,主要根据创作人的风格把越南拉丁化文字稍微变化一下,可称为"行楷"。

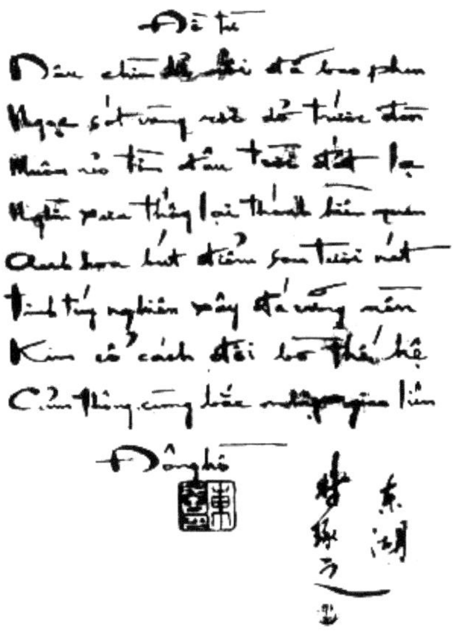

图三 越南拉丁化字体书法"始祖"——东湖先生的遗墨②

---

① [越南]《青年报》(*Bao Tuoi Tre*)2005年12月24日。
② Nguyen The Tin, *Thu Phap La Gi*, Nxb Van Nghe, 2007, Tr.270.

草书。越南语称为"狂草"(Cuong Thao)或"别体"(Ca Biet)。与汉字草书一样，这种字体很能反映书写者的个性，虽难读懂，但观字迹便能认出是谁的作品。

仿体。越南语称为"模仿字"(Chu Mo Phong)。即撰写某个具体的字时模仿外国字体进行创作。比如把越南语中的"Viet"写成类似汉字中的"越"。

反刻体。越南语称为"木版字"(Chu Moc Ban)。这种字体与中国活字印刷术反刻字体一样，即把字反写。

以上五种字体，在实际创作中，以行楷和草书居多。此外，与中国一样，越南也把拉丁化字体书法运用到传统绘画作品中去。

审视越南各种书法字体，我们不难看出，越南把汉字笔画的书写形式成功地运用到拉丁化字母中去。世界上使用拉丁字母的国家和民族很多，但能够把汉字书法艺术运用到拉丁化字体书法中去的，似乎仅有越南。这种书法艺术看上去虽有汉字书法的影子，但的确也是一种创造。

五、余 论

艺术无国界。越南现在把越南书法分为两类，一类是汉字、喃字书法，越南语称为"Thu Phap Han-Nom"(汉喃书法)；一类是越语书法，即拉丁化字体书法。很明显，汉字书法已经成为越南书法的一部分，以越南对汉字书法艺术的认同为例，我们又可以证明一句话——"是民族的，也是世界的"。

使用国家间的地理边界来划分中越文化的界限是明显有缺陷的。历代越南王朝的建立者多是华人,如前黎朝(981—1009)创立者黎桓本属广西籍,李朝(1010—1225)的创立者李公蕴、陈朝(1225—1400)创立者陈日煚本属福建籍,胡朝(1400—1407)的创立者胡季犛本属浙江籍等。[①]我们也不能因此而认为越南文化全都根源于中国。同样,认为凡是汉字的东西都是中国人强加给越南人的观点也是站不住脚的,这种观点是文化关系被利用成为政治矛盾的工具。现在越南大多数人对汉文化采取了兼容并包的态度,这是令人欣慰的。正由于此,越南的汉文化才得到了很多国家的重视,还引起了世界各地研究汉文化学者的兴趣。这极大地促进了越南与其他国家与地区之间的文化交流,从而也进一步丰富了越南的本土文化。

季羡林先生曾经大声疾呼:"文化交流是推动人类社会前进的主要动力之一。""文化一旦产生,就必然交流,这种交流是任何力量也挡不住的。由于文化交流,世界各民族的文化才能互相补充,共同发展,才能形成今天世界上万紫千红的文化繁荣现象。"[②] 笔者认为,在很长一段历史时期内,越南人更多的是"仰慕华风",而非全是被强制学习或者效仿中国。

---

① 张秀民:《中越关系史论文集》,台湾文史哲出版社1992年版,第10—20页。
② 张岱年等:《文化的冲突与融合》,北京大学出版社1997年版,第2页。

中国"四大发明"与"四大名著"之传越南[①]

中越交流史由来已久,且两国由于在地理上相接等原因,中国的先进技术和优秀文化传入越南极为便利,这一方面有利于越南社会的进步,另一方面,也扩大了汉文化的影响。而直至今天,我们还能通过语言看到历史上这种交流的痕迹,其中一个典型的例子便是"四大发明"与"四大名著"传入越南的情况,本文将从语言的线路,逐步发掘这一段历史,从而在一定程度上解释今日越南社会文化中所受中国文化的影响。

一、"四大发明"传入越南

在现代越南语中,中国的"四大发明"被按照汉语之语法顺序音译为"Tứ đại phát minh",而对于"四大发明"的名称我们都能从越南语中找出类似的词语,例如:纸,有chỉ和giấy;印刷,有in和ấn;罗盘、指南针,有la bàn和kim chỉ nam;火药,

---

[①] 本文原载范宏贵等著《越南语言文化探究》,民族出版社2008年版,有修改。

有thuốc súng和hỏa du'o'c)。这不仅仅只是汉语对越南语影响的原因，其实在历史上，两国交往过程中的确存在着这些领域的交流。

(一) 造纸术

在更早记录越南主体民族京族(越族)语言的喃字中，我们发现，"giấy"音所对应字的包括"紙、帋"等字，而"chỉ"音所对应的也有"帋、紙、纸"等字，所以无论是与现代汉语不接近的"giấy"或与现代汉语接近的"chỉ"所代表之音义皆与纸有关。

公元前1世纪，中国历史文献上已经有记载使用纸，纸发明以后，不仅在中国本土很流行，并且向世界各地传播。在东方，纸在2世纪时传至朝鲜，3世纪时传至日本。在南方，3世纪时纸也传到了越南。[①]公元105年，后汉的蔡伦发明用植物纤维造纸，改良了造纸技术，扩大了原料的范围，标志着一种使用廉价原料造纸代替绢原料时代的开始。2世纪末期，大批的中原人士到越南避难，对传播中国文化起到关键的作用。而越南的手工业，在这一时期，已经相当发达，造纸原料所需的丝、竹、木，尤其是谷树和香树都是当地的名产，而接受中原逃难者的交趾太守，又是很关心中原文化的官员，所以越南在这个时候很有可能已经学会造纸了。[②]蔡伦用的造纸原料

---

① 钱存训著、郑如斯编订：《中国纸和印刷文化史》，广西师范大学出版社2004年版，第5页。

② 陈修和：《中越两国人民的友好关系和文化交流》，中国青年出版社1957年版，第54页。

是树皮、旧布和渔网。其中最重要的是谷树皮。用这种树皮造的纸,称为谷纸,使用地区最广,时间也最久。公元3世纪的陆玑解释谷树道:"幽州称为谷桑……交州,广州称为谷,长江以南的人用来织布或造纸。"① 此外,越南还于3世纪前后使用香树皮造纸。西晋时广州刺史嵇含记载道:"交阯有蜜香树,蜜香纸以蜜香树皮造成,微带褐色,有纹如鱼子,极香而坚韧,水浸不烂。晋泰康五年(284)大秦(罗马)献三万幅赐杜预,命写所撰《春秋释例》和《经传集解》送与司马炎。"② 晋代王嘉在《拾遗记》中说道:晋武帝曾赠张华南越所献的著有《博物志》的"侧理纸","侧理纸"是用海苔作为原料做成的,而当时南越与越南地区交往甚为密切,我们可以推测当时两地定在造纸技术上有所交流。18世纪,香树皮造纸法又从广东西部发展到广东中部,清代李调元所著《南越笔记》记载:"东莞出蜜香纸,以蜜香木皮为之,色微褐,有点如鱼子,其细者光滑而韧,水渍不败,以衬书,可辟白鱼。"③ 5世纪时,晋桓帝下令凡是用简书写的,都改用黄纸代替。而当时交州为东晋王朝的重要地区,这一命令更加促进了造纸工业的发展。

现在保存下来的越南汉文古籍,大多成书于10世纪以后。这些文献中并没有谈到纸从中国传入,其原因大概是因为那

---

① [三国吴]陆玑:《毛诗草木鸟兽虫鱼疏》。
② [西晋]嵇含:《南方草木状》。
③ [清]李调元:《南越笔记》卷五。

时越南已经能够自行造纸了。①但笔者认为，越南独立以前曾与中国混为一同，独立后文房四宝照用不换，自然无须专门提及。1370年，越南黎朝送给朱元璋的贡例中，规定有纸扇。1407年以后的十几年，越南北部的六个府送给明朝的贡赋，每年都有纸扇一万把。②此外，1730年，越南为了答谢清朝雍正皇帝所送的书籍、缎币、宝玉等赐品，也回敬了金龙黄纸二百张等物品。③这充分说明了当时越南造纸工业的发达。

(二) 印刷术

在越南语中，"in"和"ấn"与汉语中"印"的读音相近，在喃字中，"in"和"ấn"对应的字都有"印"字。这说明中越在印刷领域也具有一定的联系。

印刷是以相反的形象着墨或其他色料，在纸上或其他表面上加以复制。这一方法至少包含三个要素：第一，将要复制的文字或图像反转在平滑的表面上；第二，制成反体的印版；第三，着墨后转移到纸张或者其他载体上。换言之，印刷的发明，除了满足大量的复本的需求以外，还需要各种技术支

---

① 另根据赵汝于1225年所著《诸蕃志》记载："交阯……不能造纸、笔，求之省地。"由于这本书是根据中外海上商人口述写成，笔者认为实不可信。另根据[宋]周去非所著《岭外代答》中记载，"交阯墨虽不甚佳，亦不至甚腐。交人以墨与角砚，多鸟笔，并垂腰间。"证明当时交阯能自制"多鸟笔"。——[宋]周去非撰、杨武泉校注：《岭外代答校注》，中华书局1999年版，第202页。

② 高熊徵撰：《安南志原》(《交阯总志》)卷二，法国远东学院1932年版。

③ [清]徐延旭：《越南辑略》卷一，清光绪三年刻本。

持。①虽然造纸传入越南的时间较早,但是由于印刷在技术上的高要求,所以越南印刷行业大约是在13世纪左右初具规模。中国使用雕版印刷书籍的开始一般认为是在公元6世纪的隋朝。唐和五代雕版印刷逐渐发展,北宋的印刷书籍几乎全部代替了手抄本。隋唐时期,安南与内地关系密切,两地之间的文化交流所受限制不大。10世纪以后,中国文化仍然受到越南人民和越南封建王朝的重视和推行,但在13世纪以前,没有文献涉及越南使用刻板印刷书籍的记载。根据《大越史记全书》记载,公元1007年和1020年,越南获宋朝赐《三藏经》,1034年又获赠《大藏经》。大概是当时尚未掌握印刷术,所以在"宋仁顺祯天圣元暖(1023)秋,九月,诏写《三藏经》,留于大兴藏"。②1036年,越南皇帝又命"诏写《大藏经》,留于重兴阁"。③根据钱存训先生所述,越南最早有记载的印刷见于1251—1258年期间户口册的印制。在越南陈朝(1225—1400)时,元代朝廷于1295年赠予越南《大藏经》一部,以代替在蒙古人入侵时毁损的一部。④越南官修正史所记载的第一次大规模地使用印刷术则是在1295年。《大越史记全书》记载:"元成宗铁木耳元真元年(1295)春二月朔,元使萧泰登来,帝遣内

---

① 钱存训著、郑如斯编订:《中国纸和印刷文化史》,广西师范大学出版社2004年版,第123页。

② [越南]吴士连等撰、陈荆和编次:《大越史记全书》,日本东京大学东洋文化研究所1977年版,第215页。

③ 同上书,第227页。

④ 钱存训著、郑如斯编订:《中国纸和印刷文化史》,广西师范大学出版社2004年版,第326页。

员外郎陈克用、范讨偕行,收得大藏经部回,留天长府,副本刊行。"①《大越史记全书》又载:"元丰年间(1251—1258)木印帖子者阅定官以为伪,上皇闻之曰:'此诚官帖子也。因以故事谕之。凡居政而不谙故典,则误事多矣。'"②这里所说的"故事"是指越南陈朝陈太宗元丰年间,由于蒙古军队的入侵,越南官员在躲避战乱或行军途中,经常会丢失印章,为了方便制作印章而多用木刻章代替所丢印章,而当时发给各官员的帖子多盖木印,而后来的鉴定官员不了解当时的情况,误以为这些印章为伪造的。当时这些帖子又是印刷的,我们从这里可以断定在13世纪中期,越南的印刷品已经流行很广了。另《大越史记全书》又载:"(1298)印行佛教法事道场新文,及公文格式,颁天下。"③

越南于陈朝末年开始把印刷技术应用到印刷钞票中。《大越史记全书》载:"(1396)夏四月,初行'通宝会钞',印成令人换钱,每钱一镪。取钞一缗二陌,其法十文幅画藻,三十文幅画水波,一陌画云,二陌画龟,三陌画麟,五陌画凤,一缗画龙。"④另根据1993年云南省钱币学会和广西钱币学会合编的《越南历史货币》所述:"通宝会钞"出现之前,中国元朝和明

---

① [越南]吴士连等撰:《大越史记全书·陈纪二》,日本明治十七年埴山堂翻刻本。
② 同上。
③ [越南]吴士连等撰、陈荆和编次:《大越史记全书》,日本东京大学东洋文化研究所1977年版,第379页。
④ [越南]吴士连等撰:《大越史记全书·陈纪二》,日本明治十七年埴山堂翻刻本。

朝洪武年间都发行过纸钞,例如"中统钞"、"大明宝钞"等,钞面上也曾印有龙、水波纹、铜钱串等图案,并且这些钱都在越南流通过。因此,"通宝会钞"基本上是仿元、明纸钞而印。[①]由此可见,越南古代印刷技术与中国交流之密切。

15世纪中,越南开始印行中国《五经》的官定本。1467年,黎圣宗颁发《五经》印本于国子监。此后印书业大为发展。18世纪,"纯宗三年(1734),春正月,颁《五经大全》于各处学官。先是遣官校阅《五经》北版刊刻,书成颁布,令学者传授,禁买北书(即中国书籍),又令阮效、范谦益等分刻四书,诸诗、诗林、字汇诸本颁行"。[②]虽然越南官方有禁止购买中国书籍的条令,但是中国的书籍传入越南的情况从来没有间断过,甚至到了19世纪,还有越南人在中国广东刻印喃字书籍的情况。根据早年张秀民先生的研究,19世纪在广东佛山刻印的书籍有:《金云翘新传》(1872年印)、《大南国史演歌》(1875年印)、《三字经演义》等。[③]当然,越南本国也使用活版印刷技术印刷了不少书籍,特别是在嗣德年间(1848—1883),如《大南实录》记载:"(嗣德三十三年)八月,颁御制诗文(初二二集)于皇亲公主内外印官及诸省学堂(用活版印刷)。"[④]1919年是越南王朝进行科举考试的最后一年,而在这之前,越南的知识分子还

---

① 云南省钱币学会、广西钱币学会合编:《越南历史货币》,中国金融出版社1993年版,第24页。
② [越南]潘清简等:《越史通鉴纲目·黎纪》,越南阮朝建福元年刻本。
③ 张秀民:《中越关系史书目续编》,《中国东南亚研究会通讯》2002年第1期。
④ [越南]阮朝国史馆编:《大南实录》卷六十四,日本庆应义塾大学语言文化研究所1980年版,第7078—7079页。

到中国购买已经作废的八股书籍用来参考。①这从侧面说明越南印刷技术长期以来所受中国印刷技术的影响。

越南较早的印本书籍有三种类型：全以汉文刻印，以喃字刻印和以汉字印正文而以喃字注释音训。前法国远东学院图书馆藏书目录共列出由越南人以汉文写的书籍二千二百五十八种，以喃字写的书籍五百六十一种，以及越南版的中国书籍三百五十一种，由此可窥越南书籍出版情况之一斑。而此类越南书籍多印自雕版，但也有若干以活字印刷，铜活字可能也曾得到使用。此外，越南之木版色彩水印行业也极兴旺，其产品尤以年画为最多，题材以及手法与中国年画相似。②

(三) 火药

在越南语中，火药为"hỏa dược"（与汉语接近）或"thuốc súng"（直译为"枪药"，现代多用），在喃字中，"súng"音对应的表示枪炮的喃字为"銃"、"铳"，根据汉语字典的解释，铳是一种旧式火器。

关于历史上制造火药的方法传入越南的情况，史籍并无明确记载。但历史上越南脱离宋朝独立以前两地有关火药的交流却是不断的。

---

① 陈修和：《中越两国人民的友好关系和文化交流》，中国青年出版社1957年版，第59页。

② 钱存训著、郑如斯编订：《中国纸和印刷文化史》，广西师范大学出版社2004年版，第328页。

4世纪初期,中国的炼丹家就知道越南是供给炼丹原料的重要地方。14世纪,中国人已经把火药用在铜制或铁制的火炮中,作为重要武器了。[①]越南史籍关于越南制造和使用火药、火炮的记载不多,但是越南在14世纪初已经在战争中普遍使用火药了。《大越史记全书》记载:"(顺宗)三年(明洪武二十三年,1390)春正月二十三日,都将陈渴真大破占城于海潮。获其主制蓬莪,时蓬莪与元耀领战船百余艘来观官军形势,众船未会,蓬莪小臣波漏稽为蓬莪所责,惧诛来奔军营,(波漏稽)指绿漆船,告曰:'此国王船也。'渴真令火铳齐发,(火铳)着蓬莪,贯于船板而死。"[②]这段文字所提到的"火铳"就是一种使用火药的火炮。这是史籍明载的越南人第一次在战争中使用所制造的火炮。

15世纪,越南在使用火药、改进火炮技术上相当发达,当时中国明朝与越南曾经发生过一场战争。《大越史记全书》记载:"简定帝元年(明永乐五年,1407)春二月二十日,胡左相国澄进军噌江,明人据两岸夹攻,澄军败绩,退保闷口,季犛、汉苍并回清化……并力筑垒,铸火器,造艨艟,以拒敌。"[③]越南封建统治者胡季犛的儿子胡元澄由于擅长制造火器,明成祖朱棣后来还重用了他。根据陈修和所录《大越史记全书》所载:

---

① 陈修和:《中越两国人民的友好关系和文化交流》,中国青年出版社1957年版,第41页。
② [越南]吴士连等撰:《大越史记全书·陈纪二》,日本明治十七年埴山堂翻刻本。
③ [越南]吴士连等撰:《大越史记全书·后陈纪二》,日本明治十七年埴山堂翻刻本。

"简定帝元年(1407)……季犛子澄进神枪法,诏官之。"《越史通鉴纲目》又载:"元澄以善兵器,进枪法,(明成祖)赦用之。"

(四) 指南针

在越南语中,"指南针"多称为"kim chỉ nam",罗盘称为"la bàn",发音都与汉语对应的词相近,特别是罗盘。现在中国人到越南久居时,有不少传统的东西是不用带去的,其中包括毛笔、象棋、墨汁和罗盘等。

越南史籍中关于指南工具传入越南[①]的记载较早,传说在周朝周公就下令造指南车送来华朝贡的越裳国人返回。《大越史记全书》记载:"按黄帝时,建万春国,以交阯界于西南,远在百粤之表。尧命羲氏宅南交,定南方交阯之地,禹别九州。百粤为杨州域,交阯属焉。成周时始称越裳之氏。越之名启于此云……周成王时,我越始聘于周,始越裳氏,献白雉。周公曰:'政令不施,君子不臣其人。'命作指南车,送还本国。"[②]

于是周公特赠指南车送使者还。我国在北宋时,指南针已经在航海上和军事上使用,而越南中、北部在很长的历史时期都是南中国海的海陆交通枢纽,特别是位于越南中部的广南港,在近代已经成为国际性的港口,福建、广东、海南、

---

① 彼时的越南非此时的越南,为便于论述,这里姑且这样提。
② [越]吴士连等撰:《大越史记全书·外纪卷之一》,日本明治十七年埴山堂翻刻本。

西洋、暹罗等商人都来往于此经商，①当时赴越南最多的外国人便是中国人，中国人乘船到越南的历史可追溯到秦汉。此外，由于中越技术上的频繁交流，越南的造船技术也不断提高，1413年，明朝曾招请越南的造船工人到中国，《大越史记全书》载："明永乐十一年(1413)，黄福选取匠人及其家小送燕京造船。"②当时造船必然需要安装指南针，这更能说明两国在造船技术上的交流。

二、"四大名著"传入越南

由于中越文化交流之频繁，中国的古代文学也在越南人民的心中扎了根。我们试图从"四大名著"传入越南这一文化现象窥其一斑。

在越南语中，"四大名著"完全按照汉语之语法顺序称为"Tú' đại danh tác"（四大名作）或"Tú' đại ky` thu'"（四大奇书），特别是中国的"四大名著"被改编成影视作品在越南播放产生了巨大影响后，人们开始关心其中的原因，希望其有利于中国文化产业在越南的进一步发展。

---

① 戴可来、杨保筠校注：《岭南摭怪等史料三种》，中州古籍出版社1991年版，第180页。

② ［越南］吴士连等撰：《大越史记全书·后陈纪》，日本明治十七年埴山堂翻刻本。

(一)"四大名著"在越南的影响

根据新闻媒体的报道和笔者的亲身体验,现在在越南,中国古代四大名著《水浒传》、《三国演义》、《红楼梦》和《西游记》以及其中的人物,几乎无人不知,无人不晓。因此,20世纪90年代,根据四大名著拍摄的电视连续剧在越南上映后,自然也受到越南广大观众的欢迎。在越南电视台播放中国电视连续剧《西游记》的那段时间里,每天从开始播放到结束,河内市街道上的行人,特别是少年儿童,骤然减少。而"四大名著"中的人物和称呼同样被直接借用到日常生活当中来,像《西游记》中的"Tôn Ngọ Không"或"Tôn Hành Giả"(孙悟空)、"Sa Tăng"(沙僧)、"Bát Gió'i"(八戒)、"Huyê`n Trang"(玄奘),《水浒传》中的"đại ca"(大哥),《三国演义》中的"Lu'u Bị"(刘备),《红楼梦》中的"Lâm Đại Ngọc"(林黛玉)等,已经非常普遍地被运用到越南日常口语当中。特别是《三国演义》在越南影响尤其深刻,所产生的影响可以从两个方面来概括:其一是对关云长的崇拜。《大越史记全书》记载:"清乾隆五年(1740)五月,定武庙祀制。尊武成王正位、孙武子、管子以下十八人分两厅祀之,以陈兴道王国峻从祀。又别立庙祀汉关公。"[1]又载:"清乾隆十一年(1746)二月,初作关圣庙。王(黎显宗)垂义兵书,深嘉关公忠义,命立庙以祀之。"[2]

---

[1] [越南]吴士连等撰、陈荆和编次:《大越史记全书》,日本东京大学东洋文化研究所1977年版,第1099页。

[2] 同上书,第1123页。

越南许多地方都建有关帝庙(称协天护日忠义大帝),不少家庭还以图影供奉,并尊之为"关圣"或"德关圣",不敢直呼其名。值得一提的是,在越南语中"Quan Công"与汉语的"关公"发音几乎完全一样,此外关公的木雕也已经成为当今越南一大特色产品。其二是把《三国演义》中的人物事件当作修饰语流传于口语中,如"张飞脾气"(暴躁)、"是个貂蝉"(喜欢说谎)、"野董卓"(很阴险)、"像曹操"(性多疑)、"刘备借荆州"(久借不还),等等。

现在,译成现代越南语的"四大名著"在越南的网站上随处可见,访问量亦相当之高,有关"四大名著"的出版物也不断再版。此外有关"四大名著"的玩具、文化用品等都受到越南人的喜爱。

"四大名著"对越南的影响不仅仅是在文学界,在"四大名著"被改编成影视作品前,历史上越南人已经把"四大名著"的素材应用到自己的民族艺术形式当中去了。这不禁让我们感到不解,由于"四大名著"为汉文学,通晓之人必须通晓汉文,而"四大名著"在越南的平民普及化程度要远比在中国深刻。这不得不让我们审视"四大名著"传入越南的历史。

我们在上文谈到明末清初越南已经下令禁止购买中国的书籍了,再加上"四大名著"曾被中国列为禁书,所以中越正史并未有"四大名著"传入越南的确切记载。但是我们知道,当时华人由于避乱而旅居越南的较多,特别是当时到越南中北部经商的两广商人也不少,他们对于"四大名著"传入越南起到了很大的作用。根据所发现的"四大名著"的版本,我们可以大概推断其传入的年代。笔者尚未发现历史上传入越南的中文原版"四大名著",我认为原版汉字书籍由于脱离越南平民的口语,很难产生平民化的巨大影响,但原版中文的"四大名著"当时在知识分子阶层应该是产生了巨大影响。在这里我们要提出的是,正是由于汉字书籍与平民口语的隔阂,所以使用喃字译介"四大名著"并在越南进行推介是有必要的。

(二)越南对"四大名著"的译介

有关越南对中国古典文学的译介的研究,目前以马祖毅、任荣珍两位先生的研究最为深透。笔者在参考两位老师的研究成果的基础上总结如下:

1.《三国演义》和《西游记》的译介

在"四大名著"中,《三国演义》和《西游记》传入越南的时间最早,而史书《三国志》传入越南较早。根据早年张秀民先生所获荷兰莱顿大学藏汉文喃字本书目的介绍,在广东佛山曾经刻印了不少喃字版本的书籍,其中包括:

(1)《三国志国语本》[①]

广东佛镇近文堂版

广东街和源盛发售

(2)《三国志国语本》

光绪庚辰年(1880)重刊本

佛镇福禄大街文元堂藏板

[①] 越南先称喃字为国语,后又称拉丁化越南文为国语字。

(3)《西游演歌二本》

嘉定惟明氏(郑惟明)撰,戏曲珍本

戊寅(1878)新锓粤东陈村永和源藏板

提岸(即越南堤岸)和源盛发售[①]

《三国演义》在越南的传播,是先有故事戏,后有译本。据苏联汉学家李福清的介绍,在越南成泰年间(1889—1907),著名的口从剧(tuồng)作家陶晋曾编有《古城会》、《华容道》等三国戏。笔者认为这与《三国志国语本》在越南的传播不无影响。1910—1944年间,越南出版的三国故事有《吕布杀丁原》、《凤仪亭》、《刘备求婚》、《当阳长坂》、《关公扶二嫂》、《三气周瑜》、《桃园结义》等二十一种。

《三国演义》的译本,最早的是喃字观堂版,为越南汉喃研究院所藏越南维新(阮朝年号)戊申(1908)冬月所刻。内容是从《三顾茅庐》到《当阳长坂》的四回。越南汉喃研究院另有喃字口从剧剧本《三国演义江左求婚》,为启定三年(1918)福安堂印。[②]

此外,根据不完全统计,从1918年至1972年间,越南出版的《三国演义》译本共有九种。

除了上文所述1878年广东佛山刻印了喃字版本《西游演歌二本》以外,矶部彰先生在《西游记接受史研究》一书中

[①] 张秀民:《中越关系史书目续编》,《中国东南亚研究会通讯》2002年第1期。

[②] 刘春银等编:《越南汉喃文献目录提要》,台湾"中央研究院"中国文哲研究所2002年版,第876—877页。

也指出，至少在清代前期，越南人已经接触到《西游记》。越南现存喃字本《西游传记(一百回)》是根据《西游真诠》删节翻译成喃字版的。阮朝成泰五年(1893)河内同文堂出版的喃字译本"六八体"演歌《西游传》，则可能根据的是清代中期以后北京百本张刊行的唱本系统的本子翻译的。①法国远东学院今藏《西游记》改写本有汉喃文字兼用的口从剧剧本《西游记演传》，共一百回，存九十七回。②

1914年以前，陈丰稿就翻译了《西游记》，其后，河内、西贡、边和三地出版了乐若、阮公矫、黄明自、苏镇的译本。1961年，河内普通出版社又出版了瑞定根据北京作家出版社1957年排印本翻译的越文本《西游记》，全书八卷，附插图及四篇介绍和评论文章。

2.《水浒传》和《红楼梦》的译介

同日本、朝鲜相比，《水浒传》传入越南的时间似乎晚了一些，但《水浒传》的越译却早于《三国演义》。1906年至1910年间，西贡出版了《水浒演义》的译本，译者是阮安姜。稍后，又有阮政瑟、阮杜牧、武明智的译本在西贡和河内两地问世。1960年，罗辰翻译的七十回本，由河内明日出版社推出，全书分三卷，附插图，译文实际上是六十九回，译者在序言中说道："(水浒)不仅是中国人民的骄傲，也是亚洲人民的骄傲。"

《红楼梦》一百二十回全译本，1962年至1963年由河内文

---

① 《中华读书报》2001年4月4日。
② 刘春银等编：《越南汉喃文献目录提要》，台湾"中央研究院"中国文哲研究所2002年版，第878、887页。

化出版社出版,共六册。前八十回的译者是武培煌和陈允泽,后四十回是阮育文和阮文煊,以人民出版社1957年版作为底本。卷首有当时越中友好协会会长裴杞于1959年(开译时间)4月所写的"前言","前言"除了对《红楼梦》进行介绍以外,还说"想要正确评价《红楼梦》,必须理解此书不只是讲爱情故事,而是在谴责封建社会,在此书中作者特意描写了被统治阶级毁灭的美好心灵"。①

总之,回顾这些历史有利于我们去理解其所遗留下来的现象,更有利于中越新时期的文化交流。笔者认为,古代汉文化在"东亚汉文化圈"之影响,完全不亚于近代至今欧洲文化对其的影响,而我们在研究"汉文化圈"的文化现象时,更应该从历史唯物主义的角度去分析。历史上,汉文化对周边国家的影响,更多时候是周边国家人民对汉文化的一种善意接受,而非强加。

---

① 马祖毅、任荣珍:《汉籍外译史》,湖北教育出版社2003年版,第615—618页。

越南阮朝科举制度及其特色文化[①]

越南是东亚各国中最迟实行但又是最晚废除科举制度的国家，其科举制度自公元1075年始，至1919年完全废止，共延续了九个世纪。虽仿效中国而行，但越南科举也极具其本土特色。以越南最后一个封建王朝——阮朝的科举制度观之，越南科举制度虽然模仿中国科举制度而行，但也极具有其本土特点，越南科举考试在革废之前加入近代西方考试内容更是其一大特色。

一、阮朝科举多仿明清制

越南阮朝于1802年获清朝承认，获封国号为"越南"，但由于当时越南各地叛乱尚未完全平定，直至嘉隆六年(1807)，阮朝才暇及延续科举取士之制。与明清科举一样，阮朝设有常科、恩科、制科、博学宏词科等。常科乡试始于嘉隆六年，起初为六年一试，至明命六年(1825)，乡试方定三年一试，会

[①] 本文原载《东南亚纵横》2010年第4期，有修改。

试至明命三年（1822）才举行。①从涉及阮朝科举最重要的典籍《钦定大南会典事例》及《钦定大南会典事例续编》的记载，阮朝科举在设科、场期、场官、回避、缮卷、阅卷、命题、体裁、传胪以至于八股文之应用和范文之标准等方面无不仿照明清科举，或稍有变异，以适应本土需要。

（一）考试内容与明清类同

以乡试考试内容为例，清朝乡试士子各报考一经，解经标准概宗宋儒程朱学说，《四书》以《朱子集注》，《易经》以《程朱二传》，《诗经》以《朱子集传》，《书经》以《蔡氏传》，《春秋》以《胡氏传》，《礼记》以《陈澔集说》为主。乾隆年间，第一场考制艺，包括《论语》、《孟子》、《大学》、《中庸》题各一，五言八韵试帖诗一首。第二场考诗经、书经、易经、礼记、春秋五经义，每场三篇，每篇以七百字为准。第三场考对策五道，每问不得过五百字。②越南阮朝的乡试考试内容与明、清类似，《钦定大南会典事例》记载：

> 凡命题乡、会试第一场传用二题，《大学》、《中庸》传一题，《论》、《孟》一题，五经各一题。第二场用策问一道；古文各段须用大道理、大制度、确有根据……第三场诏表论各一道；第四场诗赋各一题，乡试用七言唐律诗，会试

---

① ［越南］阮朝国史馆编：《钦定大南会典事例》卷一百零三，越南国家书院宝藏本。
② 刘兆璸：《清代科举》，台湾东大图书公司1979年版，第45页。

用五言排律诗。①

至嗣德九年(1856)，阮朝对于答题规则有详细规定，观其规定内容，也与清朝相似，《钦定大南会典事例续编》记载：

> (嗣德)九年议准内一款嗣凡应试士人投卷，辰先将所占之经各于卷面注明，届期入场，第一场题目用《五经》各一题，传二题(《大学》或《论语》，《中庸》或《孟子》)……凡写及传注先用谨按一、二句或三、四句发明题意，次各照本题，《易》有《程朱传》；义礼有陈澔书，有蔡沈诗；与《四书》有朱子……。②

清科举承明制，而阮朝初期科举也采用前朝(后黎)规式，越史载："丁卯六年(清嘉庆十二年，1807)冬十月，开六场乡试……其规式条例，损益旧黎而为之……。"③而后黎朝也曾仿明清制，故中越科举本出一家。明命元年(1820)，阮朝贡使自清朝返回，向朝廷介绍清朝试法，定阮朝"贡士行走例"。越史载："明命元年(清嘉庆二十五年，1820)五月，定贡士行走例。潘辉湜等奉使自清还，有《京钞集》，言清朝官制、试法，

---

① [越南]阮朝国史馆编：《钦定大南会典事例》卷一百零六，越南国家书院宝藏本。
② [越南]阮朝国史馆编：《钦定大南会典事例续编》卷三十，越南教育出版社2004年版。
③ [越南]潘叔直编、陈荆和点校：《国史遗编》(上集)，香港中文大学新亚研究所1965年版，第59页。

及贡士，分派六部，习知典章，谓之行走，有召议施行，于是大召五场贡士，覆试四六词翰，合格者，分为六部行走，落者，遣回，自是以为恒式。"①这是阮朝模仿清朝科举的一个明证。

(二) 引进八股，变文体以取士

嘉隆六年(1807)所定乡试第一场制义即所谓"八股"。越南引进清朝八股可追溯至越南后黎朝。后黎朝引进"八股文"的初衷，主要是想"变文体以取士"。越南正史《大越史记全书》记载："(黎裕宗)戊申九年(清雍正六年，1728)，夏四月，朔，参从阮公沆率文官入国子监，习'八股文'。公沆以经义之学，蹈习旧套，而'八股'生字，可收异才，意欲变文体以取士，故率文官肄习，以风励人士。"至于越南乡会试定用"八股文"则始于1732年，《大越史记全书》又载："纯宗龙德元年(雍正十年，1732)，定乡会试经义式，改用八股。命多士肄习，待举乡会试，并以次科施行。时宰臣公沆雅喜八股文，尝以考儒臣，中选者辄表扬之，而学者尝病其难，会公沆去位，未及行而罢。"② 另据越南汉籍《古今科试通考》的记载，越南西山朝(1778—1802)曾于清华、义安立试场，头场即试制艺。③

如阮朝"制义(艺)"的内涵与"八股"一致，则阮朝科举

---

① [越南]潘叔直编、陈荆和点校：《国史遗编》(上集)，香港中文大学新亚研究所1965年版，第107页。

② [越南]吴士连等撰、陈荆和编次：《大越史记全书》，日本东京大学东洋文化研究所1977版，第1073页。

③ [越南]佚名撰：《古今科试通考》卷二，嗣德二十六年拙轩藏版，越南汉喃研究院藏书。

引进"八股"最早可追溯至嘉隆六年(1807),《大南实录》记载:"嘉隆六年二月,务经敕下议定试法,第一场制义,第二场诏制,第三场诗赋,第四场策问……。"①

但越南汉籍《古今科试通考》却载:"(明命十五年,1834)初,自(明命)九年戊子科以来,其制义或用学规,或用八股亦听,至是专用八股。"②如此则至少阮朝初年所谓"制义"的内涵并非完全等同于清朝之"八股"。越史又载"(明命七年,1826)六月,廷试进士……通串四卷自此始,经义复用"八股",亦始于此。"③则阮朝科举的"制义"与明清"八股"并非完全相同。

明命十三年(1832),八股文规定日趋成熟。《钦定大南会典事例》记载:"(明命)十三年,又议定文体格式,其八股制义,正格有破题、承题、起讲、题比、中题、中比、后比、束比、小结。句法,八股之外有两扇、三股、两截……。"④明命十五年始,乡会第一场专用八股。此后历任皇帝因之,但也有稍稍变化,如嗣德九年,阮朝又规定八股文字数要少于二百字。"士子各位占所治之经一题,传一题,仍用八股制义,每题限二百

---

① [越南]阮朝国史馆编:《大南实录正编》卷三十一,日本庆应义塾大学影印版1961—1981年,第731—732页。
② [越南]佚名撰:《古今科试通考》卷三,嗣德二十六年拙轩藏版,越南汉喃研究院藏书。
③ [越南]潘叔直编、陈荆和点校:《国史遗编》(中集),香港中文大学新亚研究所1965年版,第163页。
④ [越南]阮朝国史馆编:《钦定大南会典事例》卷一百零六,越南国家书院宝藏本。

字以下。"①

自"八股文"引入阮朝后,似并没有像在中国一样被专门提出来声讨,其原因,大概是越南对"八股文"的声讨已经淹没在对整个中国文字、文化和体制的否定浪潮中去了。

(三)体裁文式以中国为范

阮朝科举的体裁、文式,一遵中国。如《钦定大南会典事例》记载:(嗣德十三年,1860)又议准三场文体。其八股制义,向来循用,士人已略知体制,毋须再叙。至如诗赋策文二款经照唐人明清应试。"② 值得一提的是,阮朝科举中对诏式、表式和论式国家都有具体范文。如诏式一遵汉唐,以汉高祖的《求贤诏》、汉景帝的《令天下务农桑诏》、汉宣帝的《令二千石察官属诏》、汉章帝的《诏三公戒俗吏矫饰》、唐高祖的《修武备诏》、唐太宗的《颁示礼乐诏》《令天下诸州举人手诏》七篇诏书为范;表式则仿唐、宋、明式,以刘禹锡的《为杜相公让同平章事表》、苏轼的《徐州贺河平表》、曾巩的《贺熙宁十年南郊礼毕大赦表》、岳飞的《和议成表》、孙养晦的《贺太上皇寿七十表》、孙觌的《代高丽王谢赐燕乐表》、景庐的《代宰相贺正旦雪表》、真德秀的《进〈大学衍义〉表》以及明人许国的《拟唐张九龄上千秋金鉴录表》九篇为范;论式则选汉、唐、宋、明

---

① [越南]阮朝国史馆编:《钦定大南会典事例续编》卷三十,越南教育出版社2004年版。

② [越南]阮朝国史馆编:《钦定大南会典事例》卷一百零六,越南国家书院宝藏本。

式，以汉贾谊的《过秦论》、徐干《中论·覆辩》、唐韩愈的《颜子不二过论》、柳子厚的《守道论》、苏轼的《刑赏忠厚之至论》、《留侯论》、明人陆可教的《清明在躬志气如神论》、杨德政的《本始论》、李廷讥的《王道荡平正直论》、沈自邠的《学莫先于义利之辨论》十篇为范。

这些范文都全文收录在阮朝国史馆修撰的《钦定大南会典事例》一书中，每篇范文之后还略有评论。阮朝科举在体裁和文式方面一仿中国，一方面可证其对"汉文化"的景仰，另一方面，也可以为中越科举文学的交流做一力证。

二、阮朝科举考试之体系

阮朝科举考试体系与明清类似，共分四级：考核与复核、乡试、会试、殿试。与清代科举不同之处在于阮朝科举无"童试"之名，府、县学童生一级的考试称为"考课"。越南历代典籍对童生的考试惜墨如金，今存以备考。

阮朝设立的各级学校有国子监、省学、府县学。嘉隆二年(1803)，国子监设立正副督学(分别为正四品、从四品衔)各一。明命二年(1821)，裁督学，置祭酒(正四品衔)一、司业(从四品衔)二、学政一。阮朝规定每县每年献贡生一名(后改每府每年一名)至国子监学习，就现保存的阮朝相关汉籍的记载，阮朝贡生有岁贡、恩贡，较清代"五贡"则缺副贡、优贡和拔贡，除正途外，阮朝也有例贡。此外，在京五品及五品以上官员子弟都有机会进入国子监学习。凡在京四品以上文员亲子若干名，五品长子一名，年自十五岁以上情愿入监读书，由部汇册题明候旨，补入国子监学生，谓之荫生。

至于省学，阮朝则设立督学、助教各一以负责学务；府学置教授一员，县学则置训导一员负责学务。阮朝还特设"集善堂"专供皇子们学习。至于皇亲贵族之子弟，阮朝又专设"尊学堂"，阮朝规定："凡亲藩、皇亲公、皇亲之子若孙自十岁以上，三十五岁以下不拘己，未封爵有愿入学者，均准为尊学学生。"[①] 尊学学生亦谓之"尊生"。凡学堂设教，分奇日、偶日，讲经传正史，每月四期(初三、初九、十五、十七)，出题肄习，依四场题目，亦或以间斟奉之文，当世之务，会课常例，每月以仲冬中旬(明命六年定每年四月、十月的十五日)。[②] 考课合格者，按例免除半年或一年兵徭。

(一)考核与复核

士子要参加乡试，必先要通过考核。先由府、县教训等员决定士子是否有考核资格，并向各社、村发送参加考核的名册。各社、村需类开考核士子平日有无孝悌廉谨及三代祖父并无干连案件等情况。此外，还需乡里亲属联名保结方能参加考核。

遇乡试之年前四月，各府由府员、教授，各县由县员、训

---

① [越南]阮朝国史馆编：《钦定大南会典事例》卷一百零二，越南国家书院宝藏本。

② [越南]潘叔直编、陈荆和点校：《国史遗编》(上集)，香港中文大学新亚研究所1965年版，第155页。

导略备四场(或三场)文体先行考覆点阅,考核后由各府、县选优胜者名单并考覆试卷递交学政上司(在京为祭酒、司业,在省为督学)再加审查,谓之"复核"。复核中者方得入"乡试",但尚无"秀才"之称。

(二) 乡试

阮朝于嘉隆六年(1807)开乡试,初定六年一比。至明命六年(1825)始定三年一比,以子、卯、午、酉年为正科,与清制同。明命二年(1821)始开恩科。

由于省份较小,阮朝乡试多取合围,以便于组织。以明命时期(1820—1840)为例,阮朝共有三十一个省,取六或七省为合围试场,分别与七月、九月、十月举行。承天、义安、平定以七月,嘉定以九月,清化、河内、南定以十月,①仍仿清制谓之"秋围"。阮朝乡试考试具体日期多有变化,并无定制,但凡三场或四场试,每场间隔若干日不等,一般一个月左右放榜。

凡乡试各场设主考(二品衔)、副主考(三品衔)各一,监试(三品衔)一,监考(四品衔)一或二,提调(四品衔)、副提调(五品衔)一或二,其余有分考、覆考、初考及举人监察若干。越南历朝无"贡院"之名,多称"试场"或"试院"。

阮初乡试以四场期,嘉隆六年(1807)乡试中三场者为"生徒",中四场者谓"乡贡"(明命六年改"生徒"为"秀才",改

---

① [越南]阮朝国史馆编:《钦定大南会典事例》卷一百零三,越南国家书院宝藏本。

"乡贡"为"举人")。①至于应试士人之数量，如嗣德三十三年(1880)，全国六场合围应考者约八千三百五十人，秋比解额每年不等，一般取中格举人一百二十名左右，故阮朝乡试取举人，也可称为"百里挑一"。至于乡试取秀才额，阮初定取"举一秀二"，后为广开科途，又定"举一秀三"，即每取一举人，取二至三名秀才。②

(三) 会试

阮朝于明命三年(1822)初开会试，明命六年(1825)定以辰、戌、丑、未年开会试。会试以春月试，通常为三月，或称"春闱"，与清制同。应试考生，除了举人外，在监之监生、尊生、荫生及出身秀才的教训、讲习、承办等人需赴京由监臣查核方准入试。

凡会试场官钦设主考、副主考各一，初用三品以上官员，明命三年不拘官品高下，由礼部临期请旨特简；如士多则略增知贡一二，用六部参知(从二品)；提调、副提调各一，用六部给事(正四品)；用同考六，用翰林院(四、五品)；监弥封及撰号、监誊录、监对读各一，用六部郎中(品衔不详)；监试、巡察各二，用侍卫(二三品)；内帘监试四，用侍中、侍内(五品)等若干。③

---

① ［越南］佚名撰：《古今科试通考》卷三，嗣德二十六年拙轩藏版，越南汉喃研究院藏书。
② ［越南］阮朝国史馆编：《钦定大南会典事例续编》卷三十，越南教育出版社2004年版。
③ 各场官品衔均查引自［越南］潘叔直编、陈荆和点校：《国史遗编》(上集)，香港中文大学新亚研究所1965年版，第117—118页。

会试题目与乡试略同。明命三年(1822)，会试第一场用经义，经五题，传五题；第二场用四六诏、制、表各一道；第三场用五言排律诗一首，八韵体赋一道；第四场用策题一道，古文或十段，今文或三四段。

会试应试之士人自百余至三百人不等，中格数无定制，取正榜或副榜数人、十来人或二十来人。会试中正榜者称"贡士"，副榜不得参加殿试，同样设"鹿鸣宴"，与清制同。

(四)殿试

殿试一般设在四月。"明命三年(1822)，议准先期礼部行咨钦天监(散衔五品)预择殿试与传胪与发榜谷日"，① 制科例同。嗣德九年(1856)，改称"殿试"为"覆试"。

阮初，殿试场官设监试大臣一，用武班一、二品官；读卷二、传胪一，用文班一、二品官；阅卷二，用二、三品官；经引二，用礼部四、五品官；弥封、手掌、及兼受卷之印卷、填榜各一，用四、五品官；散给试卷兼书写六，用阁属；巡逻兼护榜二，用正副卫尉，均临期开列清单奉候简派。明命三年后略有更易。

殿试制策，与清制同。"明命三年，用制策长篇一道，许朝服坐缘席，对策中者，赐插琼花一朵，黄甲进士，并出身，颁'恩赐荣归'金牌四字，并彩旗一银子，并兵五，所过府县官护

---

① [越南]阮朝国史馆编：《钦定大南会典事例》卷一百零三，越南国家书院宝藏本。

送回贯,休浴三个月,赴京候选,仍赐石刻国子监。"①阮朝自1807年开科,至1919年末科,百余年间,共开三十九科,取进士五百八十八名,平均每科取进士不过十余名。

三、阮朝科举之本土特色

阮朝科举并非完全照搬明清体制,在一些方面也具有其浓厚的本土特色。这些特色相对于中国科举而言,或可鄙,或可敬。

(一)乡会四场,尤重诗赋

越南在科举考试中用四场文始于陈顺宗光泰九年(明洪武二十九年,1396),《大越史记全书》谓:"丙子九年(明洪武二十九年,1396),诏定试举人格,用四场文字体……。"②后黎朝、阮朝又因之。越南乡、会试实行四场文,实际上也是模仿中国宋朝科举四场形式。至明清时,中国早期实行三场试,而阮朝仍时有四场,可见士子之辛苦。中国有云:"三场辛苦磨成鬼,两字功名误煞人。"

《古今科试通考》谓陈朝四场文形式为"仿元制",③而元

---

① [越南]潘叔直编、陈荆和点校:《国史遗编》(上集),香港中文大学新亚研究所1965年版,第137页。
② [越南]吴士连等撰、陈荆和编次:《大越史记全书》,日本东京大学东洋文化研究所1977年版,第471页。
③ [越南]佚名撰:《古今科试通考》卷二,嗣德二十六年拙轩藏版,越南汉喃研究院藏书。

朝并无四场法。清代科举，乡、会试凡三场，而阮朝设科之始便定乡试四场。《大南实录》记载："嘉隆六年(1807)二月，务经敕下议定试法，第一场制义，第二场诏制，第三场诗赋，第四场策问……。"① 至明命十三年(1832)，阮朝又认为"四场既是繁数而文体题目亦属拘常"。② 因复改仿清三场数，后三、四场又反复，但终阮一朝，乡、会试仍以四场居多。其目的主要为了提高选拔人才的质量，但往往事与愿违，故场数时有变化。

中国科举于明代时已取消诗赋取士，唯清代在"童试"中略有备考，但是乡、会试则完全取消。阮朝科举特别注重考诗赋，凡出韵、重韵、不协韵者都被黜落。嗣德皇帝在位时，对诗赋要求尤其严厉。《钦定大南会典事例续编》记载："嗣德二十八年(1875)，奉谕诗赋之学，声韵为高，盖诗言其志，赋陈其事。而韵则同声相应者也，诗而出韵不足言诗，赋而疆押，何谓能赋？"③ 虽一样使用汉字作诗赋，但由于越南用"汉越音"训读汉字，其音韵要求又与清朝不一。嗣德皇帝曾说："我国与清国不同，而四声之中平、入犹为易辨，去、上易于含糊……。"④ 不仅出韵、重韵、不协韵者都被黜落，凡评阅官员不严格执行评阅标准者，经查出，连主考官员一并降职。如明命

---

① ［越南］阮朝国史馆编：《大南实录正编》卷三十一，日本庆应义塾大学影印版1961—1981年，第734页。
② ［越南］阮朝国史馆编：《钦定大南会典事例》卷一百零三，越南国家书院宝藏本。
③ ［越南］阮朝国史馆编：《钦定大南会典事例续编》卷三十，越南教育出版社2004年版。
④ 同上。

二十一年(1840),原籍福建漳州府的官员潘清简任承天府主考,在取录各卷中,有新科举人梅竹松作之赋,被计重韵,致又被降级。①可见,阮朝科举对诗韵之苛刻,一方面促使士人工于声韵,另一方面也使阮朝因此失去很多有才之士。阮朝于1906年后分罢各地诗赋考试内容。越南历代均重视诗赋,其原因,盖慕中国汉唐以来之"华风"。越南至今对于汉赋唐诗仍以"汉越音"训读的形式传诵,可见其仰慕汉唐文化精华之程度。

(二)场闱简易,象兵守场

越南历代均无"贡院"之称,乡会试场,称为"场闱"或"试院"。乡会试场屋并无固定场所,经常更换,且极其简易,但凡考试结束,均拆卸移交兵部使用。凡会试,号房以外的房屋均以木竹建造。后黎朝时,号房以"竹笼"代替,"贡士照名简分坐,行文各以竹笼罩之。每笼高三尺,阔四尺"。②可见其号房之简易。明命三年(1822)规定了会试号舍标准:"每名(考生)号舍一、竹简一。每舍方一寻,高一寻,上加盖葺,三面涂土,前有竹扇……"③乡试试场较之会试试场则更为简易,特别阮朝后期,士子需要自行搭建简易号房,更是骇人听闻。

---

① [越南]李文雄著:《越南杂记》,(越南)堤岸梅山街万国公司1931年版,第57页。
② [越南]潘辉注撰:《历朝宪章类志》卷二十七,越南汉喃研究院藏书。
③ [越南]阮朝国史馆编:《钦定大南会典事例》卷一百零三,越南国家书院宝藏本。

其去繁就简的原因，笔者以为有二：一是越南毕竟是一小国，财力有限。二是阮朝皇帝多施行"崇俭、重农"政策，如《明命政要》记载的明命时期推行的二十二条重要政治政策中，"重农"、"崇俭"占据了非常重要的地位。① "重农"思想体现在科举中表现在"乡试"过后，场地仍可耕种；"崇俭"则表现在科举考试使用后的材料均转交兵部等部门循环使用。

越南象兵自李朝已有之，在阮朝军队中，仍设有象营，② 京城和各省象兵数从数头至二三百头不等，③且象兵地位高于马兵，阮朝兵部专设象政以负责管理。为防止作弊，阮朝于明命十五年（1834）议准派象兵于乡试"每入场日四更末派出象兵弹压"。④ 此法由于容易造成过于紧张的气氛，阮朝于明命二十一年（1840）取消，但使用象兵弹压足以证明科举对于阮朝政治的重要性。

（三）会、殿试计分，量定等第

清代科举评阅乡试及会试试卷，多以等级点阅，不细评分数。阮朝乡试之评阅与清代相似，以优、平、次、劣四项量定登第，而会试、殿试阅卷则首创以分数定登第。阮朝申定会试

---

① ［越南］阮朝国史馆编：《明命政要》卷九、卷十，成泰九年刻本。
② ［越南］阮朝国史馆编：《钦定大南会典事例》卷一百四十二，越南国家书院宝藏本。
③ ［越南］阮朝国史馆编：《钦定大南会典事例》卷一百七十四，越南国家书院宝藏本。
④ ［越南］阮朝国史馆编：《钦定大南会典事例》卷一百零三，越南国家书院宝藏本。

分数始于明命十年（1829），其法：十分或九分为优项，八分或七分为优次，六分或五分为平项，四分或三分为平次，二分或一分为次项，不及一分者为劣项。[①] 三期（场）通得十分为正榜，九分以下至四分并二期（场）通得十分以上为副榜。后各皇帝又稍有斟改。

明命十年，阮朝认为殿试对之文事体较重，其称量文理分数宜加一倍（如会试应拟二分，则殿试应拟一分），所以议准"文理得十分者赐第一甲进士及第，得九分者赐第一甲进士第二名，得八分者赐第一甲进士第三名，七分或六分该干卷赐第二甲进士出身，五分以下该干卷赐第三甲同进士出身。如临辰钦赐不拘此例"。[②]

阮朝会试、殿试首创的以分评定的量定等级形式，细化了评定的标准，在一定程度上具有进步性。另外，这种十分制为越南近现代教育考试的定分标准提供了借鉴。现在越南教育考试中的总分值都是十分，且分数等级的评定也与阮朝科举一致。

（四）科举冠服，汉风犹存

阮朝科举冠服，可谓犹存"汉风"，与清朝科举迥然不同。

---

① ［越南］阮朝国史馆编：《钦定大南会典事例》卷一百零五，越南国家书院宝藏本。另见［越南］佚名撰：《古今科试通考》卷三，《皇朝科考之法》，嗣德二十六年拙轩藏版及［越南］阮文桃撰：《皇越科举镜》，越南汉喃研究院藏书。

② ［越南］阮朝国史馆编：《钦定大南会典事例》卷一百零四，越南国家书院宝藏本。

阮朝规定，"凡举人冠用南罗纱，文秀才衣用南罗纱交领一、高布帛圆领一、网巾、蓝帛裳……嘉隆六年(1807)议准第四榜出榜后一日，试院官亲颁新贡士每名文秀才帽一顶……。"[①]阮朝进士冠服，用乌纱帽，帽前后用金银花装饰，又有网巾、白色罗纱、蓝裳、木笏、革带、靴等。[②] 其与明代进士冠服类似，明代"进士巾如乌纱帽，顶微平，展角阔寸余，长五寸许，系以垂带，皂纱为之。深蓝罗袍，缘以青罗，袖广而不杀。槐木笏、革带、青鞾，饰以黑角，垂挞尾于后"。[③]

满清入关，要汉人"断发易服"，而越南服饰则仍然保留明朝服饰的风格。以越史的记载观之，越南对于满清服饰及风俗是比较轻视的，并且以自己仍为"汉俗"自居。《大越史记全书》记载："(黎显宗)丙戌二十七年(清乾隆三十一年，1766)，(北客)有愿居中国者，留发变服，著籍为民……。"[④]另据阮朝编年史《钦定越史通鉴纲目》的记载："丙子十七年(清康熙三十五年，1696)，严饬北人来寓者一遵国俗。自清入帝中国、薙发短衣、一守满洲故习。宋明衣冠礼俗为之荡然。北商往来日久，国人亦有效之者。乃严饬北人籍我国者，言语衣服，

---

① [越南]阮朝国史馆编：《钦定大南会典事例》卷一百零八，越南国家书院宝藏本。
② 同上。
③ 《明史》卷六十七。
④ [越南]吴士连等撰、陈荆和编次：《大越史记全书》，日本东京大学东洋文化研究所1977年版本，第1164页。

一遵国俗……违者罪之。"[1] 阮世祖嘉隆皇帝于1802年登基后即下诏："其文武官服、参酌汉唐历代至大明制度及新制式样，其士庶服舍器用，略如大明体制，尽除北朝陋习，为衣冠文献之邦矣。"

阮朝科举衣冠仍遵汉体，与朝鲜类同，但这种衣冠体制保留得最久的要数越南。

（五）更优待科举士人

"行年八十尚称童，可云寿考。到老五经犹未熟，真是书生。"这副对联对中国科举误人青春可谓极尽嘲讽。而阮朝科举对多次参加科举考试的举人却以优待，这比中国对待举人的待遇要好得多。如嗣德九年(1856)，谕"……朕念为士者，十年灯火，一经白首，幸而列名乡选，怀才待用，孰甘自弃？乃诸科举人必待会试预有分数，始得补教职，教职又必察核，平项始得升授县州，非此将终身无自见之日，虽有志之士固不以进身，早晚为劝沮。然以有用之才，积之无用之地，朕甚悯焉"。有鉴于此，嗣德皇帝议准"诸科举人除会试预有分数，年高应补教职及情愿入监回贯肄业，决志待科外，余何系年四十以上不拘会试几科，与年三十五已上而已经会试二科，如有情愿从政者，在贯听由地方官，在监听有监臣，现应会试听由礼部臣各以谕定日为试，汇册咨吏部臣，仍诏举人初授奠簿

---

[1] ［越南］阮朝国史馆编：《钦定越史通鉴纲目》卷三十四，越南汉喃研究院藏阮朝刻本。

之例，奏请按补从八品衔，分隶六部曹局及翰林院诸衙承办公务"。①中国历代科举对于举人的优待更多地停留在口头或者形式上。越南则不然，优待举人付诸实践，这种优待思想，也体现在今天越南的国家官僚体制上。

(六)终阮一代无状元

越南科举三魁之分始于陈太宗丁未十六年(宋淳祐七年，1247)，越史言："春，二月，大比取士，赐状元阮贤、榜眼黎文休、探花郎邓麻罗……初，壬辰(1232)、己亥(1239)两科，惟以甲、乙为名，未有三魁之选，至是置焉。"②按越南现代学者的统计，根据不同的统计标准，历朝状元数量自四十七至五十六名不等，越南最后一位状元为黎显宗二年(清乾隆元年，1736)的郑穗。③

终阮一世，科举共开三十九科，登第者近六百，而无一登第一甲第一名，可谓东亚科举圈之怪事。其原因一直是越南学术界探讨的焦点之一，但至今尚无定论。一般认为，阮朝根本就不设立状元，但又找不出不设立状元的明文规定，遂争论一直在延续。笔者观点如下：第一，阮朝并没有明确规定不设立状元。阮朝国史馆撰修的《钦定大南会典事例》卷一百

---

① [越南]阮朝国史馆编:《钦定大南会典事例续编》卷三十，越南教育出版社2004年版。
② [越南]吴士连等撰、陈荆和编次:《大越史记全书》，日本东京大学东洋文化研究所1977年版，第333页。
③ 同上书，第1084页。

零八中对殿试甲第有明确记载:"明命三年(1822),议准第一甲第一名、第二名、第三名,并赐进士及第;第二甲若干名,并赐进士出身;第三甲若干名,并赐同进士出身。"①是科应试者不达帝意,故只赐第二甲进士出身一名,第三甲同进士出身七名。第二,阮朝无状元的原因或可以归为两个原因。一是按照越南历代设状元以来的通例,并非历科都设状元,所谓"宁缺毋滥"。明命皇帝曾说:"殿试第一甲最为难得,如其不取,则是乏才。若泛取之,恐无以惬士夫之望。"②二是越南典籍历代多经兵火之灾,至后黎朝,历代文献已是所存无几。有鉴于此,阮朝自明命八年始,不断下旨购求书籍,但其效果仍是"杯水车薪"。书少,士子学识自然有限,皇帝拥有的书自然是最多的,殿试时,一旦问及士子涉猎不到的知识,自然很难回答。如阮朝举人高伯适(1809—1855)对时遇问:"付泥、长丽何物?"高伯适就回答不出。因为"付泥"、"长丽"均出明代余庭璧所撰《事物异名》,二者均为星座名称。这本书在越南流传很少,高氏从未读过,自然答不出。

除以上观点外,阮朝科举还具有其他特色,如允许教民参加科举参加考试,传胪时用特色宫廷音乐等,由于篇幅有限,暂不赘言。

---

① [越南]阮朝国史馆编:《钦定大南会典事例》卷一百零八,越南国家书院宝藏本。
② [越南]阮朝国史馆编:《大南实录正编》卷三十一,日本庆应义塾大学影印版1961—1981年,第734页。

四、阮朝科举之革废

如果没有法国殖民主义者的到来，越南的科举可能还要延续更长时间。1858年6月，法国远东舰队炮轰阮朝中部海港——岘港，开始了对越南的殖民侵略。1884年，《中法简明条约》在天津签订，中越宗藩关系结束。同年，法越签订《顺化条约》，顺化阮朝完全成为法国的傀儡政权。

法国殖民主义者的到来，1884年中越宗藩关系的结束，中国戊戌变法的发生，大批越南人留学日本等社会变革极大地震撼了越南的封建士大夫阶层。这使得越南士大夫阶层逐渐发生分化，出现了保守派和维新派两大派别。对于科学，两个派别持完全相反的观点，而且他们把科举与汉字结合起来，改革派言："不废汉字，不足以救南国！"保守派则言："不振汉学，不足以救南国！"[1] 1905年，中国废除科举，也使越南改革派深受影响。越南改良派代表人潘佩珠曾在其撰写于1906—1909年的《越南国史考》一书中说："专制朝廷既恃科举为牢笼豪杰之闾里耳目，亦专倾注于名场，遂使生人八岁以上糊眼于八股诗赋之狱。"[2] 同时，法国自1884年成为越南的保护国以后，也伺机进一步同化越南人民。

---

[1] Thi cu o Viet Nam ngay xua, *Làng Văn*, số 70, thàng 6, 1990.
[2] ［越南］潘佩珠：《潘佩珠全集》第三册，顺化出版社2002年版，第490页。

(一) 改革

自阮朝同庆十年(1904),越南科举考试已开始变革。由于越南已完全属于法国殖民地,因而越南科举之变革,多由法国殖民统治者操纵。其变革主要包括在科举考试内容中一则增加法语和拉丁化越南语的能力考核,二则停罢八股、诗赋,增加越南史、中国史、算法、例律、西方史、地理等务实内容。此外,科举考试中还增加法国考官、对阅卷评分进行修订等。同庆十年(1904),北圻统使议定,河南场乡试除三场文体仍为旧式外,加试法语和拉丁化越南语。其法:"一是法字写出一题。二是暗写出一题,即随场官随口诵出,便行抄写。三是法字一题,译出本国音。"法语则"一是法语问答,二是喃字一题,随口译出法语",国语(拉丁化越南语)则"一是暗写国语,二是法字一题,译出国语字"。[①] 此后阮朝科举不断增加新的考试内容,但是科举中增加法语、拉丁化越南语已成定制。

成立学部。维新元年(1907),阮朝成立学部。维新三年(1909),停罢八股文。维新六年(1912)中圻各场全部停罢诗赋。阮朝想从转变考试内容来改变越南士大夫的知识结构。至1918年最后一次乡试,其试法:"第一场文策二道(文章或伦理一,政治或律例一);词札二题(诏、谕或疏一,咨文一);第二场国语辰务论一题,国语、算法二题,国语设问一题,属南史或地舆;第三场国语译出西字一题;第四场行文略备三题(汉字

[①] [越南]阮文桃撰:《越南科举镜》,越南汉喃研究院藏书。

论一、国语论一、法文一)。"① 启定四年(1919)最后一次会试内容与1918年乡试内容略同,唯第一场增试"泰西史"。

(二) 废除

阮朝科举的改革并没有取得成功。首先,阮朝科举的改革是以法国殖民者的统治为前提的。法语和拉丁化越南语被仓促地增加到科举考试内容中,一方面让大多数士子觉得无所适从;另一方面,这种带有明显的同化政策的变革激起了近代越南民族主义者的强烈抵触。其次,越南各地反对法国殖民者和阮朝皇室的运动和起义仍然不断。在双重矛盾下,1918年,法国总督和启定皇帝一同下诏,废除科举。1919年,阮朝各地科举考试全部停罢,越南科举制度寿终正寝了。

五、余 论

阮朝的科举制度一开始是建立在独立自主的国家形态下模仿中国明清科举设立的。它一方面带有明显的中国科举制度的痕迹,其科举体系自形式至内容无不从属于中国的科举制度。但另一方面其科举又非照搬明清的体制,相反,其本土特色成为东亚科举圈的一道风景,特别是越南科举服饰,更是让我们对"域外汉风"肃立起敬。

1884年,中越宗藩关系的结束。法国殖民者的到来,给

---

① [越南]阮文桃撰:《越南科举镜》,越南汉喃研究院藏书。

越南整个社会以巨大的影响。新的生产方式,新的社会阶层,新的教育体系……以法国殖民者的统治利益为先的越南科举改革注定不会取得成功,但是它在一定程度上却推动了越南民族主义者对民族独立道路的新尝试与探索。

越南仓促地废除科举制度给整个社会的教育制度带来了很大的负面影响,自1918年宣布废除科举制度至越南独立期间,越南的整个教育体系几乎瘫痪。1945年,越南宣布独立时,全国的文盲率达到90%。半个世纪过后,越南各界开始反思本国科举教育的历史经验和教训,并给予了科举较为客观、积极的评价。

中国与占城文化交流拾遗

对于中国与占城文化交流的研究国内早有著述。早年，陈修和先生撰有《中越两国人民的友好关系和文化交流》。张秀民先生撰有《占城人Chams移入中国考》。冯承钧先生除撰有《中国南洋交通史》外，还翻译了法儒马司帛洛的《占婆史》。黄国安撰有《郑和下西洋与中国占城经济文化交流》。陈玉龙著有《汉文化论纲——兼述中朝中日中越文化交流》。近年王介南先生著有《中国与东南亚文化交流》。暨南大学的陈文撰有《占城与中国明朝的文化交流》。洛阳外国语学院王贞贞亦撰有《略论占婆文化》。笔者所撰此文不敢重复前人所述，但又不能通论，故谓之拾遗。

一、明代中国与占城交通路线拾遗

在明代，中国与占城保持着密切的朝贡关系，郑和下西洋也曾亲历占城，因而明代著述中记载占城事迹的书籍颇丰，其中包括《瀛涯胜览》、《星槎胜览》、《西洋蕃国志》、《西洋朝贡典录》、《皇明四夷考》、《殊域周咨录》、《咸宾录》、《东西洋考》等。这些书籍为研究明代中国与占城的关系提供了宝贵的资料，但以上古籍关于明代中国与占城的交通线路的记录不详。笔者查阅明代各种典籍，发现明代慎懋赏所辑《四夷广记》中收有《广记·占城》，该书所录明代中国与占城水程的材料半个多世纪来较少被中外交通史研究者注意。笔者兹录此书所记明代福建、广东至占城水程如下：

> 永乐七年(1409)十二月，太监郑和自长乐五虎门开洋，西南行顺风十昼夜至其国东北百里海口港曰新州……去西南一日程到王都，番名佑其城。
>
> 正统六年(1441)，吴惠由广东至占城水程：
>
> 正统六年，给事中舒行人吴惠于十二月二十三日发东莞县。二十四日过乌猪洋。二十五日过七洲洋，瞭见铜鼓山。二十六日至独猪山，瞭见大周山。二十七日至交阯界有巨洲横截，海中怪石廉利，风横舟触即靡碎，舟人甚恐，滇曳风急过之。二十八日至占城。

福建往占城针位：

> 五虎开船，用乙辰针。取官塘山行船，三礁东北边过，用丙巳针取东沙山，西边过船，打水六、七托，用单巳针。三更船平牛屿，用丁午针。一更船用坤未针。二更船用坤申针。一更船取乌坵山，用坤申针。七更船取太武山，用坤申针及单申针。七更船取南湾外，彭山用坤申针。十五更船取平大，星尖用坤未针。七更船平东姜山，

用坤未针。五更船取乌猪山，用坤未针。十三更船平七州山，用坤未针。七更船平独猪山，用单未针。二十更船取占毕罗，用单未针。五更船取外罗山，外用丙五针。七更船取校木盃屿，内过船沿山使入新州港口也。

占城回福建针位：

新州港口开洋，用单壬针，取校木盃屿，用壬子针。七更船取外罗山，内过用丑癸针及单丑针。二十更船平独猪山，用单艮针。五更船艮寅针。二十五更船平大星，尖山用单寅针。十五更船平南南湾外，彭山艮寅针。十五更船取大小甘山，外过用单寅针。四更船平大武山，用单艮针。七更船平乌圻山，内过用垠艮寅针。四更船平东沙山，外过取海塘山，湾头外有玳瑁州子细。①

按以上路线材料《明史》不录。《瀛涯胜览》、《星槎胜览》及《西洋番国志》皆不录。向达先生所校注的明末清初航海典籍——《两种海道针经》不录。黎正甫撰《古代中国与交阯之交通》不录。张星烺撰《中西交通史料汇编》不录。陈玉龙撰《历代中越交通道里考》不录。王崇焕编《中国古代交通》不录。由此可知，此史料可补中外交通史料之阙。

---

① ［明］慎懋赏辑：《四夷广记》。

二、占城语对汉语的影响

《宋史·食货志》曾有明确记载："大中祥符四年(1011)年……帝(真宗)以江淮两浙稍旱,即水田不登,遣使就福建取占城稻三万斛,分给三路为种,择民田高仰者莳之,盖旱稻也。内出种法,命转运史揭榜示民。后又种于玉宸殿,皇与近臣同观。毕刈,又遣内侍持于朝堂,示百官。稻比中国者,穗长而无芒,粒差小,不择地而生。"① 按此则史料曾被学者们多次引用,用以证明中占历史上的经济、文化之交流,但注意研究"占城稻"中的"占"字对于汉语的影响则很少。很难想象,我们平时到超市购米时所看到的招牌上的"占米"、"粘米"、"黏米"等词语都是宋朝时的"占"(即"Cham"或"Chiem")音逐渐派生的。

在中国的传统稻作中,存在籼、粳两个亚种,但在分类上却主要依据用途分为粳稻和糯稻,并且用粳米做饭,用糯米做酒。占城稻为籼稻,但按照传统分类却是用做饭食的粳稻,占城稻谷早熟耐旱的特点适应了宋代以后梯田等高仰地带开发的需要,促进了早稻的发展,进而促进了明清时期江西等处双季稻的发展。由于占城稻的影响很大,所以原来的粳稻几乎都被称为了占稻。现代汉语口语中的"占"指的并不都是占城

---

① 《宋史》卷一百七十三。

稻，而是指籼，而籼米的黏性较小[1]，通常也是用来做饭的。

随着占城稻的本土化，"占"在明朝就转而指称"比中国者穗长而无芒，粒差小，不择地而生"的占城稻。明代李时珍的《本草纲目》中说，占城稻"种自占城国，故谓之占"。清初屈大均《广东新语》载，"黏米似粳而尖小长身，其种因闽人得于占城，故名'占'……岭南之谷多'黏'，有清黏、黄黏、花黏、银黏、油黏。"无论写为"占"还是"黏"，无疑都是由国名简称而来的，用以指占城稻。用产地称产品，类似今天的"茅台"和"龙井"。

在现代汉语中，湖南永江用"占禾"一词指早稻和中稻，与"迟禾"即晚稻相对。可能是由于"占米"比糯米黏性差，因而在许多方言中用来指称"黏性差的"，所以"占"在许多地方用来取代西汉就已经见于记载的"籼"（扬雄《方言》：江南呼粳为籼）。根据已经出版的方言著述来看，目前"占米"一词存在于增城、南宁、永定等市县和四川省，以"占"代"籼"的区域广达九省，涉及粤、闽、客家、赣、湘等方言区和西南官话、江淮官话区。而且还以"占、黏"为主要成分，构成了很多与籼米有关的新词，如柳州的鼠牙占、油占米，武汉的黄占米，厦门的新占等。此外"占米"在广州、汕头、南昌、萍乡等地兼指籼米和粳米，范围扩大了。[2]

在江西土语中，稻米分为两种："占米"和糯米。其中"占

---

[1] 《现代汉语词典》，商务印书馆1995年版，第1243页。
[2] 汪化云：《外来语素"占"的意义流变化》，《语文建设通讯》2002年第70期。

米"指的是所有非糯米品种，包括现代水稻分类上的粳和籼，在当地非糯性品种以籼为主。笔者从小在广西长大，懂得西南官话和广东话，并且经常去市场购米，对于"占"对当地语言的影响深有体会。现在能够吃上那么便宜的"占米"，我们应该感谢占城人民的"优良品种"。

三、中占译事、译语拾遗

明代时中国成立了四夷馆，虽然占城不独立成馆，但根据《四夷馆考》的记载，占城文字属于回回馆代译。《明实录》中曾多次记载到中占翻译的事情。《太祖实录》记载："占城国王阿答阿者遣其臣答班瓜卜农来朝，奉表言安南侵其土境……俾译者译之……。"占城的翻译也有不少，如《英宗实录》中记载："占城国王摩诃贲该遣通事罗荣同王侄且杨乐傕等捧金叶表文谢恩……占城国王摩诃贵由遣通事陈真等来朝。"《孝宗实录》卷十三记载："占城国通事梅宴化来贡，赐宴并彩段、衣服有差"等，当时通事地位低下，而明廷仍对占城通事如此礼遇，可窥明廷柔远政策及当时中占关系之一斑。

中国史书中有关古代占城语言的记载，历来不被中越语言学研究者注意，笔者兹录两则占城语料如下：

《隋书》记载："(林邑)呼王为阳蒲逋，王妻为陀阳阿熊，太子为阿长逋，宰相为婆漫地。"[①] 按此条史料《唐书》所录于

---

① 《隋书》卷八十二。

《隋书》同,应该是《唐书》袭抄《隋书》。

成书于明代的《四夷广记》所收《广记》还录有占城国象语:"骰子曰胡缠,幺(即一)曰萨,二曰涂打,三曰帝伽,四曰暗,五曰班滓,六曰喃,天曰刺仪,地曰打纳,日曰仰胡锐,月曰仰不蓝,好金曰阳迈。"① 按此占城国象语,明代所辑《华夷译语》不录,明人陈诚所撰《咸宾录》和清人尤侗所撰《外国竹枝词》均收录有个别占城象语,但都没有《四夷广记》所录数多。

四、汉文化对占城的影响拾遗

占城文化历来多受印度文化影响,后又受到汉文化、伊斯兰文化的影响。国内外对于汉文化对占城的影响关注者不多,宋、明代时期的中国史料关于汉文化对占城的影响有一些记载,但多不被东南亚研究者注意。

隋唐时,占城在文化上仍主要受印度文化影响,《隋书》记载:"(林邑)人皆奉佛,文字与天竺同。"② 《唐书》又记:"(环王)喜浮屠道,冶金银像,大或十围。"③ 但《宋史》所记"其俗与大食同"一说则疑不可信,但大概可以证明当时往来于泉州、广州的占人有可能已经信奉回教。笔者认为占城"华风"起于宋时,《宋史》记载"其国前代罕于中国通"。宋代汉文化对占城的影响主要是通过朝贡关系和贸易往来进行的。有宋

---

① [明]慎懋赏辑:《四夷广记》。
② 《隋书》卷八十二。
③ 《新唐书》卷二百二十二。

一代，占城向宋朝朝贡达数十次，伴随着朝贡关系的发展，中国文化首先以器物等方式输入占城，《宋史》记载："建隆二年(961)，其王释利因陀盘遣使莆诃散来朝……使回，以器币优赐其王"；"淳化元年(990)，赐其王白马二、兵器等"；"大中祥符三年(1010)……仍赐陶珠衣币装钱"；"天禧二年(1018)，诏赐尸嘿排摩牒银四千七百两并戎器鞍马"等。① 此外，汉文化通过贸易往来进行，影响更大，以致占城曾经模仿中国铸造汉字钱币。根据广西钱币博物馆学者的研究，占城曾在宋朝时期模仿中国，铸造外圆内方铜钱。其中包括：

"天圣元宝"，有篆书和真文两种。若按大小、轻重来区别，有四种。

"熙元通宝"，一种，钱文为篆书。

"宋元通宝"，若按大小、轻重不同来分，有四种，钱文有真书、篆书两类。

"景元通宝"，钱文有真书、杂书两种，若按大小、轻重区别，也是两种。②

另外，《宋史》所记载的《占城国表言》也可以证明汉文化在占城逐渐濡染的情况。宋至道元年(995)，其王所遣使来贡，《表言》中并不提及中国情况，多述感恩之言。而到了咸

---

① 《宋史》卷四百八十九。
② 云南省钱币研究会、广西钱币学会编：《越南历史货币》所附越南历史货币图片，中国金融出版社1993年版，第128、129页。

平二年(999)其《表言》则说道:"臣闻二帝封疆,南止届于湘、楚;三王境界,北不及于幽、燕……臣生于边鄙,幸袭华风……。"到了皇祐二年(1050),"其表二通,一以本国书,一以中国书"。①可见占城在宋朝时一开始并不十分了解中国风情,但随着交往的深入,占城使臣竟能以汉文撰写《表言》。

除了朝贡和贸易两大渠道外,占城"华风"的濡染还有赖于曾经在占城担任官职或寓居在占城的中国人。从其所遣贡使的名字如"莆诃散"、"因陀玢李帝婆罗"、"朱陀利"、"陈陀野"等可知占城早期贡使多为本土占人,但从宋朝太平兴国二年(977)后,占城贡使名字开始出现如"李牌"、"李臻"、"李良莆"等明显的中国姓的名字。另明人戴冠所撰《濯缨亭笔记》记载宋亡后,沈敬之逃占城,乞兵兴复,占城以国小辞。敬之效秦庭之哭而不得,乃留居其国。占城宾之而不臣,敬之忧愤发病卒。其王作诗挽之曰:

恸哭江南老钜乡,春风拭泪为伤情。
无端天下编年月,致使人间有死生。
万叠白云遮故国,一杯黄土盖香名。
英魂好逐东流去,莫向边隅怨不平。②

笔者认为,这首诗为占成国王所作的可能性不大,有可

---

① 《宋史》卷四百八十九。
② [明]戴冠:《濯缨亭笔记》。

能是占城大臣所作,但这也说明了宋代汉文化对占城的影响。国内不少学者多以《宋史》记载"(占城)别官有郎中、员外、秀才之称"而认为这也是汉文化对占城影响的一个反映。笔者认为,宋代汉文化对占城的影响未必有那么深刻,这可能只是说占城的"别官"相当于"郎中、员外、秀才"而已。考宋人郑樵作撰《通志》记载:"(林邑)尊官有二:其一曰西那婆帝,其二曰萨婆地歌。其属官三等:其一曰伦多姓,次歌论致帝,次乙地伽兰;外官分为二百余部,其长官曰弗罗,次曰阿伦,如牧宰之差也。"①此史料大概可以证明《宋史》记载占城"别官有郎中、员外、秀才之称"的说法实际上只是类比中国的官职而已。另外,《元史》又有"唐人"曾延等居占城的记载。②

明代时中国曾经多次向占城颁发中国历法。明朝于洪武、永乐间都赐占城以《大统历》,洪武三年(1370)五月,明朝又"遣使颁科举诏于高丽、安南、占城"。同年,"诏定岳、镇、海、渎城隍诸神号……仍遣秘书监直长夏祥等颁章正神号,诏于安南、占城、高丽"。③这些记载又可以证明明代时汉文化通过政治途径对占城的影响。

明人皇甫庸所撰《近峰闻略》又录有明代时占城贡使所撰汉文诗数首,历来不为研究中越文化交流者所注意,其《进贡初发》云:

---

① [宋]郑樵:《通志》卷一百九十八。
② 《元史》卷二百一十。
③ [明]《太祖实录》卷三十九、卷四十七、卷五十一、卷五十三、卷一百二十六。

行尽河桥柳色边,片帆高挂远朝天。
未行先识归心早,应是燕山有杜鹃。

其《扬州对客》云:

三月维杨富风景,暂留佳客与同床。
黄昏二十四桥月,白发三千余丈霜。
玉句诗闻贤太守,红莲书寄好文章。
欲寻何逊旧东阁,落尽梅花空断肠。

其《江楼留别》云:

青嶂俯楼楼俯渡,远人送客此经过,
西风杨子江边柳,落叶不如离思多。

有又《高古》(题葵花)云:

花于木槿浑相似,叶比芙蓉只一般。
五尺栏杆遮未尽,独留一半与人看。①

按以上占城汉诗与清人陆云次所著《译史纪余》卷二所录略同。从占城贡使的汉诗可以窥见明代汉文化对占城影响

---

① [明]皇甫庸:《近峰闻略》。

之一斑。另考明人孙能传等撰《内阁藏书目录》卷八又录有《瑞象荷诗文九册》，该目录记载云："永乐十六年(1418)占城国所献象也，玉质鲜明，雪花圆丽，若星斗云霞故曰瑞象，诸臣皆献诗赋。"[①]这又是中国与占城文化交流的一大证明。

五、结　语

中国从事东南亚历史、文化研究的前辈们，如陈序经、姚南、韩振华、朱杰勤、陈荆和、张秀民、陈炎、陈玉龙、梁志明、戴可来、范宏贵、陈显泗、余定邦、贺圣达等先生都非常重视汉文史料的利用，因而取得了学术上的可喜成绩。近代研究越南历史、文化的法国学者如鄂卢梭、马司帛洛、伯希和、费琅和沙畹等也重视汉文史料的利用，应该说他们开创了近代西方研究越南历史、文化的辉煌时代。西方学者霍尔、戈岱司关于东南亚的英文著作多被称为经典，但他们同样重视汉文史料的使用。西方有学者批评，过多地引用汉文史料容易犯"中国中心主义"的毛病。笔者认为，在东南亚研究领域，无论是犯"中国中心主义"还是"西方中心主义"，再或者是"东南亚中心主义"，责任都在"人"，而不在"料"。诚然，相互借鉴学习是完全有必要的，但是仅仅就越南历史、文化领域的研究而言，恐怕我们还是应该更多地注重对汉文史料进行挖掘和辨真去伪。

---

① ［明］孙能传等:《内阁藏书目录》卷八。

占人迁移中国史略

存在于公元2世纪至19世纪的占婆曾经是一个深受印度文化影响的东南亚文明古国。公元2世纪至15世纪是其受印度文化影响最深刻的时期。公元15世纪至19世纪,占婆文化又受到马来伊斯兰文化的影响。历史上,由于政治、经济等关系,占城曾与中国封建王朝保持着特殊的关系,特别是在明代,占城与明廷几乎是结盟的。因此,历代占人又曾迁居中国生活,逐渐成为中华之一分子。本文基于中国史料的记载进行初步的考略。

根据中国史料的记载,越南占族在历史上曾迁移至海南、广东等地。其迁移的路线大都走海路,经越南京族王朝海域等地到达。迁移的原因大多是由于受到越南京族人的威胁。

一、宋以前占族迁移中国

早在公元5世纪,占人就迁移中国,中国史料对此最早的记载要数《宋书》。《宋书》记载:"义熙七年(411),(交州刺史杜慧度)南讨林邑,林邑乞降,输生口大象金银古贝等,乃释之。"[1] 其中所说的"输生口"意即输入人口的意思。元嘉二十四年(447),"宋文帝以檀和之平林邑,所获黄金、生口、铜器等物,搬赉群臣,沈演之所得偏多"。[2] 这一时期由于战争的原因,占人多以战俘或贡献人口的形式迁移中国。

二、宋代时占族迁移中国

宋代时,由于海上贸易的发展,特别是穆斯林商人成为海上贸易的主角,占人因海上贸易迁移至广州,岳珂《桯史》"番禺海獠"条云:

> 番禺有海獠杂居,其最豪者蒲姓,号白番人,本占城之贵人也。既浮海而遇风涛,惮于复反,乃请于其主,愿留中国,以通往来之货。主许焉,舶事实赖给其家,岁益久,定居城中,屋室稍侈靡逾禁。使者方务招徕,以阜国计,且以其非吾国人,不之问,故其宏丽奇伟,益张而大,富盛甲一时……獠性好鬼而尚洁,平居终日,相遇膜拜祈福。有堂焉,以祀名,如中国之佛,而实无像设,称谓聱牙,亦莫能晓,竟不知何神也。堂中有碑,高袤数丈,上皆刻异书如篆籀,是为像主,拜者皆向之。[3]

---

[1] 《宋书》卷七十。
[2] 同上。
[3] [宋]岳珂:《桯史》卷十一。

10世纪以后，占族的势力逐渐弱于京族人，往往迫于政治压力而迁移中国。较早的记载是来源于《宋史》,《宋史》卷四百八十九记载："雍熙三年(986)……儋州上言：占城人蒲罗遏为交阯所逼，率其族百口来附……端拱元年(988)广州又言：占城夷人忽宣等族三百一人来附。"按广州察御史徐同爱等奏："占城国王子古来……率王妃、王孙及部落千余人，载方物至广东崖州(今三亚)，欲赴诉于朝。"① 宋代占人由于在政治上受到京族人的压迫，所以开始不断往外迁移，往北迁移至中国境内，往南迁移至泰国南部、柬埔寨东部和东南亚海岛地区。国内不少学者及现在的海南回民大都认为自己的祖先是来自占城。笔者同意范宏贵教授的界定，即占族从海上迁到我国海南省三亚市羊栏区回新乡、回辉乡，成为我国回族的一小部分。但笔者认为，宋时占人王子等迁移至崖州并未皈依伊斯兰教，因为占城皇室皈依伊斯兰教是17世纪以后的事。

三、明代时占族迁移中国

明代时，因为中国和占城关系密切，所以占人偶有迁入中国的现象。如《明太祖实录》记载："洪武十三年九月乙巳(1380)，占城国王阿答阿者遣其臣大并苍等上表，贡象及侍童一百二十五人。"② 如今，这一百二十五个占族的后裔已不

---

① 《宋史》卷四百八十九。
② 李国祥主编：《明实录类纂·涉外史料卷》，武汉出版社1991年版，第562页。

可寻。

　　明代时，占城贡使也有客死中国并葬于广东的。《明英宗实录》记载："占城国使臣左栗提朋至广东南雄府凌江驿以疾卒，命有司致祭。"①今其墓冢已不知所在了。

　　上文已论及宋代时占族迁移至儋州的情况，不再赘述。海南崖州为今天三亚的前身，占人至崖州的明确记载要数《明实录》："天顺四年(1460)七月丁丑，占城国副使究村则等奏：'蒙本国王差委，同王孙进贡。至崖州，与象奴来。今王孙及正使人等在广东未至，闻三司官留与方物同行，诚恐迟误。'上命礼部遣人乘传，谕广东三司，先以金叶表文同王孙起送至京。"②郭沫若于1962年点校了清人张巂等人编修的《崖州志》，其中崖州的风俗条目这样说明："番民，本占城回教人。宋元间因乱口家泛舟而来，散居大蛋港、酸梅铺海岸，后聚居所三亚里番村。初本姓蒲，今多改移。不食口肉，不供祖先，不祀诸神，惟建清真寺。白衣白帽，念经礼拜，信守其教，至死不移。吉凶疾病，亦必聚群念经。有能西至天方，拜教祖寺口，教祖名穆罕默德。归者群艳为荣。岁首每三年必退一月。本月朔见月吃斋，以次月朔见月次日开斋，为元旦。捕鱼办课，广植生产。婚不忌同姓，惟忌同族。不与汉人为婚。人亦无

---

　　① 李国祥主编：《明实录类纂·涉外史料卷》，武汉出版社1991年版，第743页。

　　② 俞旭等编：《明实录类纂·广东海南卷》，武汉出版社1993年版，第659页。

与婚者。"①

《崖州志》记载："番民,本占城回教人。宋元间因乱口家泛舟而来"并没有错,但明代时,有史料明确记载,占族迁移至崖州者逾千人。《明实录》记载："成化二十二年(1486)十一月,癸丑,巡按广东监察御史徐同爱等奏:'占城国王子古来攻杀交阯所置伪王提婆苔,交阯怒,举兵压其境,必欲得生,提婆苔古来惧,率其王妃王孙及部落千余人,载方物至广东崖州。事下礼部复议。'上曰:'古来以残败余息,间关万里,提携眷属投附中国,情可矜悯。'其令总兵、镇守、巡抚等官加意抚恤,量与禀口,从宜安置。仍严密关防之。"②

由于安南王朝对占城的封锁,明嘉靖二十二年(1543)以后,占人不再能够与中国往来。

有关海南回民的来源问题,史学界、语言学界、考古学界及人类学界的意见都未能达成一致。史学界多认为海南回民以占裔居多。语言学界由于语料的匮乏,尚不能使用一手资料进行研究。大多数研究海南回辉话的学者都认为,回辉话属于南岛语系,但占语、马来语、菲律宾语、爪哇语等都属于南岛语系。这给语言学界从语言角度探寻海南回民的根源设置了障碍。考古学界则在海南发现了很多穆斯林的墓碑,这些穆斯林的墓碑极其复杂,墓主来自阿拉伯世界、东南亚海岛

---

① [清]张嶲、邢定纶、赵以谦纂修,郭沫若点校:《崖州志》,广东人民出版社1983年版,第34—35页。

② 俞旭等编:《明实录类纂·广东海南卷》,武汉出版社1993年版,第661页。

地区、内地回民。人类学界则大都从风俗等视角探讨其来源，但缺乏史料的佐证，也较难令人信服。

四、从新的语言研究探讨海南回民的族源问题

笔者认为，从史料上看，海南最早的回民以占族居多。尽管有史料证明历史上阿拉伯穆斯林、爪哇国人、中国大陆回民都有到过或居住过海南，但新的语言研究成果说明，海南回民中有一部分是占族人的后裔。

2011年12月14—15日，法国远东学院占裔学者蒲达玛(Po Dharma)赴海南三亚调查那里的回民的语言情况，他列举的一些回辉话和占语相似，而与马来语等其他南岛语言不一样的词汇。①

表一　海南回辉话、越南占语、越南语和汉语对比表

U Chản Hải Nam (海南回辉话)	Chăm Việt Nam (越南占语)	Việt (越南语)	汉语
Phu min	Phun min	cây me	一种树
Sang piok	Sang prong	nhà lớn, ám chỉ thánh đường	清真寺
Nao ndik	Nao ndih	đi ngủ	睡觉
Huik aia	Huic aia	uống nước	喝水

---

① Po Dharma, Nhận định mới về người Chăm tại Hải Nam, 未刊稿, 2011年12月。

续表

U Chản Hải Nam (海南回辉话)	Chăm Việt Nam (越南占语)	Việt (越南语)	汉语
Hua aia bu	Huak aia bai	ăn co'm	吃饭
Bo tay	Boah Patay	trái chuối	香蕉
Lo phui	Ralaow pabuei	thịt heo	猪肉
Lo mo	Ralaow lamaow	thịt bò	牛肉
U lo	Urang Laow	ngư'ờ'i Trung Hoa	中国人
Phai khad	Bac akhar	đọc chū'	看字
Ngau U lo	Ngap urang laow	làm ngư'ờ'i Hán	成为汉人

尽管南岛语系中有不少词汇是占语、回辉话、马来语、印度尼西亚语都类似的，但是蒲达玛列举了这些只有占语和回辉话才相似的词汇，这说明海南回民有占裔是不容置疑的。

明代《占城译语》新版本的发现
——兼谈占婆与马来世界的历史关系[①]

存在于公元2世纪至19世纪的占婆(宋以后中国史籍多称为占城)曾经是一个深受印度文化影响的东南亚文明古国。公元2世纪至15世纪是其深受印度文化影响的时期。公元15世纪至19世纪,占婆文化又受到马来伊斯兰文化的影响。由于占人与京族人的长期战争等原因,占婆17世纪以前的图籍几乎尽毁,而中国史籍记载占城的内容较多,本文中提及的《占城译语》的新版本即是中国史籍对明代时期占婆语言的记录。此外,中国史料还记载了不少占婆与马来世界的关系,本文也有涉及。

一、明代《占城译语》新版本的发现

中国古籍中有关占婆语的系统记载不多,存世者更属罕见。宋人郑樵《通志》有《林邑国语》一卷,今已不存。清人王闻远《孝慈堂书目》遗逸条记载有《十国译语》,其中包括

[①] 本文原载《东南亚纵横》2009年第4期,有修改。

毛寅所辑《占城译语》，今亦不传。唯有苏格兰传教士马礼逊(Robert Morrison, 1782—1834)曾从中国带回明钞本《各国译语》一册，其中收有《占城国译语》，伦敦大学曾于1939年收录到其东方研究院的《简报》中，有英国学者白刺顿(C. O. Blagden, 1864—1949)与爱德华(E. D. Edwards)二人之注释。①1941年，正是抗日战争时期，北京大学历史系教授向达先生曾于昆明手抄白刺顿与爱德华注释本一册，今藏北大图书馆古籍阅览室，可证此本《占城国译语》的重要。后来，许云樵先生又将白刺顿与爱德华注释的《占城国译语》刊登于新加坡《南洋学报》，今亦未能得见。半个多世纪以来，学界以为《占城译语》在国内早已不传，不料笔者在查阅马来语史料中却无意发现。

台湾珪庭出版社于1979年影印的一本《华夷译语》抄本，出版社编辑出版时题"火源洁译，第伯符辑"，全书都是汉字。除封面外，有出版社重新编辑的目录，除此以外，原抄本目录等内容全为影印原书抄本。抄本目录前有朱之蕃序。此本《华夷译语》由于印本不多，很少被东南亚研究学者关注。考日本琉球大学图书馆藏有晒印本《琉球馆译语》一册，封面题"万历进士朱子蕃、茅伯符编"，所录《琉球馆译语》与台湾珪庭出版社所录《琉球馆译语》内容完全一致。由于多次传抄，草书字体中"第"与"茅"、"子"与"之"由于相似而被混淆，故有"茅

---

① *Bulletin of the School of Oriental Studies*, *University of London*, vol.10, No.1, Cambridge University Press, 1939, pp.53—91.

伯符"被错题为"第伯符","朱之蕃"被误题为"朱子蕃"之误。考茅瑞征号伯符,为明万历二十九年(1601)进士,官至南京光禄寺卿。茅氏著作颇丰,有《万历三大征考》、《皇明象胥录》、《东夷考略》等。朱之蕃则为明朝著名的书画家。朱之蕃在《华夷译语》序言中称茅伯符为"友",自称"年弟"。又考清人杨守敬所撰《日本访书志》,其卷六记有《华夷译语》十三册(钞本),并描绘此书说:"明茅伯符辑。首有朱之蕃《序》,称伯符领大鸿胪时所辑《四夷考》,凡山川、道里、风俗、物产,无不备具。则此乃《四夷考》中之一种,而标目直题《华夷译语序》,岂转钞者之所为与?其书首朝鲜,次琉球,次日本,次安南,次占城,次暹罗,次鞑靼,次畏兀儿,次西蕃,次回回,次满剌加,次女真,次百夷。分天地、时令、花木、鸟兽、宫室、器用、人物、人事、身体、衣服、声色、珍宝、饮馔、文史、数目、干支、封名、通用诸类,或有合并,则各国详略不一也,大抵皆日用习语。"①如此则台湾珪庭出版社所出版的这本《华夷译语》即为杨守敬在日本所见《华夷译语》(十三册)的合抄本无疑。

另考茅瑞征为明万历二十九年进士(1601),由于其任大鸿胪当为登第进士之后,朱之蕃又逝世于1624年,则此书当辑于1601至1624年间。

台湾珪庭出版社所出版的这本《华夷译语》目录共列有十三种译语。即朝鲜馆译语、琉球馆译语、日本馆译语、安南译语、占城译语(原书标"○"符号,即表示缺)、暹罗馆译语、

---

① [清]杨守敬:《日本访书志》卷六,辽宁万有图书发行有限公司。

鞑革旦译语、畏兀儿馆译语、西番译语(原书标"○"符号,即表示缺)、回回译语(原书标"○"符号,即表示缺)、满剌加馆译语、女真译语(原书标"○"符号,即表示缺)、百夷馆译语(原书标"○"符号,即表示缺)。除去所缺的五种译语,即该书仅收录八种译语。唯所录《满剌加馆译语》与伦敦大学东方学院所藏苏格兰传教士马礼逊遗赠的《满剌加馆译语》相差很大。笔者另考英国学者白刺顿与爱德华合作考释的《占城国译语》,发现二者有很多词汇相同或相似,则此《满剌加馆译语》实际上是明代《占城译语》。至于编辑者误题《占城译语》为《满剌加馆译语》的原因,应是编辑者未能对各种语言进行一一认证,而在《占城译语》中,又有"满剌加国"一词,故而误题为《满剌加馆译语》。

明朝在洪武时就十分重视翻译国内外各民族语言。明代《国朝典汇》记载:"洪武十五年(1382)正月。上以前元素无文字发号施令,但借高昌书制蒙古文字行天下,乃会翰林院侍讲火原洁与编修马懿赤黑等以华言译其语。凡天文、地理、人事、物类、服食、器用靡不其载,复取元秘史参考以切其字,谐其声音,名华夷译语。即成,诏刊行之,自是使臣往来,莫皆能得其情。"[1]我们现在所能看到的火原洁所编《华夷译语》中的语言数据大多为明清各翻译机构,如四夷馆、会同馆、会同四译馆人员不断加以补充校定而成。

台湾珪庭出版社出版的《华夷译语》所录《占城译语》当

---

[1] [明]徐学聚撰:《国朝典汇》,北京大学出版社1993年版,第3927页。

为明朝会同馆译语。永乐五年(1407)，明朝设立了提督四夷馆，专门负责翻译各邦语言文书。占城国不单独设馆，其来文书由回回馆代译。①明朝官方设立占城国通事少见于史籍记载中，唯万历《琼州府志》记载有崖州人蒲盛曾经担任占城国通事："蒲盛，以晓占城番字，授鸿胪司宾署序班。"②此外，明朝设立的会同馆当时还设立有三名占城国通事，"入朝、引领、回还、伴送皆通事专职"。③《占城译语》中所录通用门译语也可以证明，如"各守地方"、"年年进贡"、"休生事"、"要恭顺"、"少说话"、"遵守法度"、"不要作乱"、"天朝不饶你"、"朝廷宣谕"、"送你回去"等。占城在1471年被京族人占领国都，学术界把1471年定为占城国灭亡的日期。考《明实录》，明代时占城首次进贡为洪武二年(1369)，最后一次进贡为嘉靖二十二年(1543)，④则《占城译语》记录的应该是14—16世纪占语的情况。

二、茅瑞征辑《占城译语》与马礼逊本《占城国译语》的异同

茅瑞征辑《占城译语》共收录四百七十五个译语(包括词、短语、句子)，共分为十七个门类，即：天文门、地理门、时令门、

---

① ［明］佚名：《四夷馆考》卷上，上海东方学会民国印本。
② ［明］戴熺、欧阳璨纂修：《琼州府志》，书目文献出版社1992年版，第423页。
③ ［明］张居正纂修：《大明会典》卷一百零九，明万历二十五年刊本。
④ 李国祥主编：《明实录类纂·涉外史料卷》，武汉出版社1991年版，第799页。

花木门、鸟兽门、宫室门、器用门、人物门、人事门、身体门、衣服门、饮食门、珍宝门、文史门、声色门、数目门、通用门。马礼逊本《占城国译语》收录六百零一个译语，十七个门类，所分门类与茅瑞征辑《占城译语》同。仔细对比两个版本记载的每一个译语，发现茅瑞征辑《占城译语》与马礼逊本《占城国译语》并非出自同一人之手，且所记语音不尽相同，试举天文门十个词汇比较：

表一 茅瑞征辑《占城译语》与马礼逊本《占城国译语》对比表

序号	要表达的汉语意思	茅瑞征本	马礼逊本	现代占语[①]
1	天	喇仪	仪	Lingik
2	云	因	夜阿因	Takinum
3	雷	胡浪	浪	Krum
4	雨	沾	胡沾	Hachan
5	日	仰不锐	仰胡锐	Ia haray
6	月	仰不蓝	仰胡蓝	Ia pilan
7	星	不撒	不度	Patuk
8	霜	多沾	沾	Taamau
9	风	阿撒因	阿因	Angin
10	雪	胡沾	八胡沾	Kathieng

还有一些完全不同的汉字译音，如所录地理门词汇：

---

① 现代占语根据Inrasara和Phan Xuan Thanh主编：《越—占词典》，越南教育出版社1999年版。

表二　茅瑞征辑《占城译语》与马礼逊本《占城国译语》对比表

序号	要表达的汉语意思	茅瑞征本	马礼逊本	现代占语
1	江	疾	定	Chok
2	山	定	即	Char
3	海	巨	细	Klai/tathik
4	沟	阿细	墩	Ripong
5	浪	牙非	敖浪	Ridak

茅瑞征辑《占城译语》虽然词汇数量上没有马礼逊本《占城国译语》多，但也收录了不少马礼逊本《占城国译语》没有收录的词汇或短语，如"辰"、"烟散"、"满剌加国"、"客人"等。特别是所录"满剌加国"一词，为解决满剌加与占城之关系提供了宝贵的语料。

英国的白剌顿与爱德华对马礼逊本《占城国译语》的注释缺漏很多，而且在注释中他们自己也对马礼逊本《占城国译语》所记占语语音存疑不少。两个版本的《占城译语》可以相互印证、补充。无论如何，明代记录的占语语音，可以说是中国对东南亚文化遗产的贡献。从今天来看，它也可以作为中越文化交流的又一有力证据。

三、占婆与马来世界之关系

学术界研究占婆与马来的关系，一开始是从占语与马来语(印度尼西亚语)的关系着手的。西方学术界较早研究占语与马来语的学者是法国学者安东尼·卡巴通(Antoine Cabaton)。早在1901年,他就在《关于占人的新研究》(Nouvelles Recherches sur Les Chams) 一书中对比了20世纪初的占语与马来语的关系。到了1941年,保罗·K.贝内迪克特(Paul K.Benedict)在《哈佛亚洲研究》(Harvard Journal of Asiatic Studies) 发表了《海南岛的占人移民》("A Cham Colony on the Island of Hainan") 一文,对海南占语和印度尼西亚语进行了对比。1957年,迈克尔·沙利文(Michael Sullivan) 在《亚洲艺术》(Artibus Asiae) 发表了《柏松王台——古代马来和占婆联系的证据》("Raja Bersiong's Base——A Possible Link between Ancient Malay and Champa") 一文,他分析了马来亚吉打(kedah)和占婆的考古发现,认为在吉打发现的林伽座(lingam-pedestal) 与在占婆发现的有很多相似之处。他还提出吉打和占婆在历史上可能是南印度文化进入东南亚的两个互相连接站点。但作者也遗憾地提出,至今尚未发现吉打有占婆先民存在的资料。

国内学界研究占婆语言文化与马来语言文化关系大致始于20世纪50年代,中国越南史专家张秀民先生早年所撰《占城人Chams移入中国考》一文,其中说道:"占城因信婆罗门教及回教之故,采用梵语及阿拉伯语。其大部分则混入马来语。唯读音微有变异。"[①] 到了1988年,倪大白先生在《民族语文》刊登了《海南岛三亚回族语言的系属》,倪先生利用澳大利亚国立大学于1980年出版的《拉德—英词典》中收录的占语支语—拉德语与印度尼西亚语进行对比,认为海南回族

---

① 张秀民:《占城人Chams移入中国考》,载《学原》1948年第2卷第7期。

语言科学的提法应为"南岛—汉藏语"或"马来—汉语"系。2006年，中山大学牛军凯教授对马来人在伊斯兰教传入占婆的情况也有所研究。

阅读以上有关占婆与马来关系的论文后，我们可以看出关于这一领域的研究仍然存在不少挑战。首先是占语与马来语的对比这一问题。前人（包括中西方东南亚研究学者）很少使用到明代的《占城译语》这一宝贵语料。近、现代占语不仅分支很多，包括：嘉莱语（使用人口约20万）、拉德语（使用人口约14万）、占语（使用人口约7万）、拉格莱语（使用人口约4万），[1]而且各分支语言的词汇也发生了不同程度的变化。要更客观地反映占语与马来语的关系，我们使用的语料应当是越久远的越好。其次是关于占族人与马来人的历史文化关系这一问题。我们尚未发现第一手资料，即占人或马来人本身的可靠的历史记录。本文仅利用明代《占城译语》以及中越汉文史料、占婆梵文碑铭、马来早期文学作品等数据进行初步探讨，期盼大方之家不吝雅正。

（一）明朝时期占语与马来语的关系

由于史料的匮乏，我们找不到更早的同时代的占语和马来语的语料。笔者认为早期的语料更能说明二者之间的亲属关系。以明代的《占城译语》（《占城国译语》）与《满剌加译语》中的词汇进行粗略对比，笔者发现，他们的亲属关系比近、现代时两种语言的对比要明显得多。在这两种译语中，相近的

---

[1] 郑贻青：《回辉话研究》，上海远东出版社1997年版，第110页。

词汇大致罗列于下表：

表一　明代时期占语与马来语相近词汇对比表

序号	汉语意思	占城译语/考释	马来语译语/考释
一、天文门			
1	月	仰不蓝/yan bulan	补蓝/bulan
2	雨	胡沾/hujan	乌占/hujan
3	风	阿因/啊 anin	安因/angin
二、地理门			
1	石	不豆/batau	巴都/batu
2	路	者蓝/jalan	遮蓝/jalan
三、花木门			
1	木	格又/kayau	加右/kayu
四、鸟兽门			
1	虎	利孟/rimaun	亚利毛/harimau
2	猪	不背/pabui	巴闭/babi
3	鱼	依干/ikan	利干/ikan
4	蛇	虎喇/ula	乌剌儿/ular
五、器用门			
1	火	阿背/api	亚闭/api
六、人物门			
1	人	倭郎/ulan	乌郎/orang
七、身体门			
1	眼睛	麻答/mata	麻答/mata
2	鼻子	一动/idun	衣冬/idong
3	手	打安/tanon	当安/tangan
4	牙	底该/tagei	击击/gigi
八、珍宝门			
1	金	骂/muh	麻思/mas

续表

序号	汉语意思	占城译语/考释	马来语译语/考释
2	银	必喇/parjak	必剌/perak
九、文史门			
1	文书	苏喇/surak	苏剌/surat
十、声色门			
1	黄	姑尼/gunik	孤宁/kuning
2	白	不的/putih	布的/puteh
十一、数目门			
1	一	撒/sa	撒都/satu
2	二	坐/dua	都哇/dua
3	四	罢/pak	恩八/empak
4	五	黎麻/lima	利骂/lima
5	六	南/nam	恩南/enam
6	七	底竹/tijuh	都竹/tujuh
7	八	打喇板/dalapan	都剌板/delapan
8	九	撒喇板/salapan	心必蓝/sembilan
9	十	撒不鲁/sapluh	习补卢/sepuluh
10	一百	撒喇多/sa ratuh	杀剌都思/se ratus
11	一千	撒喇瓢/sa ribau	习利补/se ribuh

从明代保留的占语和马来语语料看来，占语与马来语在很多基本词汇都有相似之处，特别是表示数字的词汇，仅相差数字"三"和"万"而已。西方学术界在20世纪60年代已把占族和马来族的语言同归为马来亚—波利尼西亚语系(Malayo-Polynesia)。① 关于此二种语言的关系，法国学者安东尼·卡巴

---

① *Ethnic Groups of Mainland Southeast Asia*, Human Relations Area Files Press, New Haven, 1964, p.245.

通在《关于占人的新研究》一书中讲述占语与马来语关系时也有一些总结,但是书中并没有说明是使用哪一个占语支系的语料,并且个别词汇与明代《占城译语》乃至现代占语相差都很大,如:

汉语	安东尼·卡巴通所记占语①	明代占语	占语支语—拉德语	马来语	现代占语
一	hudom	sa	sa	satu	tha

除此以外,安东尼·卡巴通列举了20世纪占语与马来语词汇进行比较,笔者发现他们之间的相似程度远比不上明代时期。

(二) 占婆与马来世界之历史关系考略

现代占语与马来语在语言上的相近,但我们不能由此断定他们从林邑时代便是同源民族。关于早期马来文化与占婆文化的关系,马来和占婆的典籍都很少有记载,笔者主要依据中越汉文史籍、占婆碑文以及马来方面的数据进行初步的探索。

1. 10世纪以前占婆与马来之关系

越南史籍《大越史记前编》记载:"丁未(唐大历二年,767)昆仑阇婆来寇,攻陷州城,经略使张伯仪求援于武定都

---

① Antoine Cabaton, *Nouvelles Recherches sur Les Chams*, Ernest Leroux, Editeur, 1901, p.69.

尉高正平，援兵至，破昆仑阇婆军于朱鸢。"① 阇婆能攻打交州，必然需要通过占婆地区，惜史籍并无记载。又据占婆梵文碑志记载，787年，爪哇以舟载兵来焚宾童龙(今越南之Phan Rang)的Bhadradhipaticvara庙宇，把这一庙宇变成废墟。② 这是有关越南Phan Rang与马来关系较早的明确资料。

除迈克尔·沙利文在1957年以考古的证据，提出吉打与占婆有可能存在往来外，1984年，新加坡的邱新民又提出狼牙修与占婆存在贸易往来。邱氏说道："到了中国隋唐时代，狼牙修的国势鼎盛，首都羯荼(亦称赤土)，为一通商口岸。(该口岸)东南亚商贾云集，是一货物集散转运的都市及商港。输出的是象牙、犀角、沉香等大宗货物，以大瓜巴道、董里道及吉打北大年道为陆路的转运商道，转运至扶南的Angkor……占婆的Vijaya(即佛逝，今越南Binh Dinh)。"③ 邱氏观点又与迈克尔·沙利文的接近，则占婆与马来半岛在隋唐时即有密切往来的说法当是合理。

2. 10—11世纪占婆与马来之关系

10世纪时大食、占城与阇婆三者的关系尤为密切。宋《诸蕃志》大食国条有一记载："(宋)开宝四年(971)，(大食)同占城、

---

① ［越南］吴时仕：《大越史记前编》外纪，卷六，越南阮朝北城(河内)学堂藏版。
② ［法］费琅著、冯承钧译：《昆仑及南海古代航行考苏门答剌古国考》，中华书局2002年版，第42页。
③ ［新加坡］邱新民：《东南亚文化交通史》，(新加坡)文学书屋1984年版，第194页。

阇婆致礼物于江南李煜……。"①《宋会要辑稿》阇婆国条又说："其(阇婆)使服饰之状与尝来入贡波斯相类。"此外,宋太宗淳化三年(992),有副使名为蒲蘸里。

10世纪时,占城与阇婆、三佛齐等地区的贸易关系也很密切。根据《宋会要辑稿》的记载我们可窥其一斑。

  占城在中国之西南,泛海南去三佛齐六日程……东去麻逸国(属今菲律宾)二日程,蒲端国(属今菲律宾)七日路。

  宋乾德四年(966)七月,江南国主李煜上言:"占城国使入贡道,出臣国,遗臣犀角一株……阇婆马礼偃鸾国古缦一段,阇婆沙剡古缦一段,阇婆绣古缦一段……阇婆沙剡锦绣古缦一段。"

  大中祥符四年(1011)十一月,(占城)遣使蒲萨多婆、副使蒲多波底、判官陈义来贡……其王又言:"本国地毛不壮,土产无精,常思奇异而供,王每欲殊珍而作贡,所以特遣使使遍言旨邻番,昨于三佛齐国得金毛狮子一,其狮子本出天竺国,彼人豢养,今以驯良,传来大食,又至三佛齐……。"

---

① [宋]赵汝适撰、杨博文校释:《诸蕃志》,中华书局2000年版,第91页。

3. 12—17世纪占婆与马来之关系

占城与大食关系在12世纪初恶化。宋乾道三年(1167)，占城与大食关系恶化。原因是占城劫掠大食进奉宋朝的船队，并拘禁大食人。《宋会要辑稿》记载："乾道三年十一月二十八日，提举福建路市舶司程佑之言：'本司劝发占城番口细首陈应等船已回舶，分载(占城)正、副使杨卜萨达麻等并随行人计一十二名……'又据大食国乌师点等状：'本国得财主佛记霞啰池各备宝贝、乳香、象牙等赴大宋进奉，到占城国外泛暂驻，有占城番首差土生唐人及番人打驾小船，招引佛记霞啰池等入占城国，拘管将进奉宝货尽数，船上只拨得乳香、象牙与乌师点等。'"宋朝后来诏谕占城，要求占城"见拘大食人宜尽放还本国"。《宋会要辑稿》大食国条也有相应记载："宋乾道四年(1168)，大食进贡方物。初，大食遣乌师点等赍宝贝、象牙、乳香等入贡，舟至占城，为贼所夺，诉于福建路市舶，上令以理遣回。"[①]

占城与大食关系恶化以后，仍然与马来地区保持贸易等往来。汪大渊在《岛夷志略》中说占城"地产红柴……打布"，考"打布"是爪哇语"Tapeh"的对音，现在爪哇妇女尚有这种围布。《岛夷志略》民多朗(今越南 Phan Rang 一带)条又说民多朗有"阇婆布"。北部京族人的10世纪以来的逐渐强大，对占人不断攻打，使得占人与马来之间的关系更加密切。越南史籍《大越史记全书》记载当时证明占城与爪哇的关系非常特

[①] [清]徐松辑：《宋会要辑稿》，中华书局1957年版。

别:"元泰定三年(1326)惠肃王伐占城,无功而还。帝曰:'先帝栉风沐雨,方擒取主,国父以重臣奉命,致伪主制能出奔爪哇求援。'"①占城能向爪哇求援,证明他们的关系密切。

明代时,中国史料如巩珍撰《西洋番国志》、严从简撰《殊域周咨录》等都不述及占族与三佛齐、爪哇等地区的关系。唯明代的《四夷广记》所收《广记》还录有占城国有一种名为骰子的玩具。"骰子曰胡缠,么(即一)曰萨,二曰涂打,三曰帝伽,四曰暗,五曰班渾,六曰喃,天曰剌仪,地曰打纳,日曰仰胡锐,月曰仰不蓝,好金曰阳迈。"②巧合的是《四夷广记》所记载爪哇也一样有这一玩具,并且数字的名称相似。

14世纪以后马来文学中对于占婆的描述比较多,这些文学作品所描述占婆依附马来王国,特别是1471年占婆为京族人攻陷都城后,马来文学多描绘占婆朝贡马来王国。无论怎样,这些作品至少说明占婆是为马来人所熟悉的。成书于1365年的《爪哇史颂》第三卷第十五首颂第一节记载:"Nahan Lwir min desantara Kacaya de Cri-marapati/tahun tan syan.../ri Campa Kambojanyat I Yawana mitreka satana"。即"处于大王陛下(满者伯夷国王)保护的其他地区(与阇婆相比较而言)包括:雅瓦讷、马达班、暹罗、占婆和吉蔑"。③

---

① [越南]吴士连等撰、陈荆和编次:《大越史记全书》,日本东京大学东洋文化研究所1977年版,第407页。
② [明]慎懋赏辑:《四夷广记》。
③ [法]费琅编,耿升、穆根来译:《阿拉伯波斯突厥人东方文献辑注》,中华书局1989年版,第763—764页。

撰写于1511—1612年的《马来传奇》，全书共三十四篇，其中第二十一篇故事为《占城和谷齐婚姻问题开战　占城王战死　二子分别逃亡》，叙述了满者伯夷国王把公主莱登·加露·姬扬许配给到满者伯夷朝贡的占城王包·格玛，后来占城与谷齐由于婚姻问题开战，最后占城两位王子一位逃到亚齐，另外一位逃到满剌加的王子皈依了伊斯兰教。①

伊斯兰教在占婆的传播是在大食与占婆的关系恶化后，马来人在占婆的伊斯兰化中起到了很大的作用。值得一提的是茅瑞征辑《占城译语》特别还收录了"满剌加国"一词，这又在一定程度上说明占城与满剌加的关系。伊斯兰教最初影响占族的痕迹依然保留至今，现在在越南占族穆斯林朗诵《古兰经》时使用阿拉伯语，但是讲解时却要用马来语；阿訇和讲授经文的人中，大部分为马来人的后裔。

四、余　论

（一）关于占语属于马来语世界、占人与马来人的关系问题

明代以来的占语语料大致可以证明占语属于马来语世界，但是如果我们考究中国史籍中有关林邑语料的记载，又会有新的问题。如《隋书》卷八十二林邑条记载："（林邑）呼王

---

① ［马来亚］敦·斯利·拉囊著、黄元焕译：《马来纪年》，（马来西亚）学林书局2004年版，第165—168页。

为阳蒲邆,王妻为陀阳阿熊,太子为阿长邆,宰相为婆漫地。"①考宋人郑樵作撰《通志》记载:"(林邑)尊官有二,其一曰西那婆帝,其二曰萨婆地歌;其属官三等,其一曰伦多姓,次歌论致帝,次乙地伽兰;外官分为二百余部,其长官曰弗罗,次曰阿伦,如牧宰之差也。"②这些官职的称呼如果是占语的话,它们与马来语的关系又如何?如果不是,我们又需要对占族进行重新界定。

史料证明占人与马来人的关系非常密切,但是今天我们为什么在马来半岛找不到占人的踪影?马来人迁居占婆的动因又是什么?这些问题都等待解答。

(二)关于伊斯兰教在占婆的传播问题

廖大珂先生认为在占婆第五王朝时(758—859),伊斯兰教首先在占婆Phan Rang等地区传播,即《新五代史》卷七十四占城传所谓:"占城……其人俗与大食同。"笔者同意廖先生的观点,但1471年以后,即京族人占领占婆都城后,伊斯兰教是否已经渗入到占婆国家政权中仍值得商榷。婆罗门教在占婆一直具有不小的影响,亲自到过占城的明朝人马欢、费信都说占城"尚释教"或"修俘图教"。明代的《占城译语》收录的占语中仍称"皇帝"为"波道","国王"为"底国弄","殿下"为"厦",并不像明代《满刺加译语》那样把"皇帝"称为"苏

---

① 《隋书》卷八十二。
② 《通志》卷一百九十八。

端"(即 Sultan,苏丹)。17世纪以后,伊斯兰教在占族中是否曾经成为国家的宗教,仍然缺少占族的第一手资料。婆罗门教与伊斯兰教在占婆的角力是否使得两个宗教都没有在实际意义上占据上风?总之,对于17—18世纪占婆的宗教,我们需要探讨的问题还很多。

中国学界对越南古典文学的译介与研究①

国内学界对越南古典文学的研究一开始是由翻译越南最经典的作品《金云翘传》发凡的，当时是20世纪50年代末。值得一提的是，在此后长达半个多世纪的过程中，国内学界这一研究的重心仍然是《金云翘传》。对《金云翘传》的"偏爱"是国内学界研究越南古典文学的基本主线，这是多方面的原因造成的。

越南学界由于文字形式的变化，短时间内无法直接承载汉字文化的传统，其对于本国古典文学研究的主要学术支撑，仍依靠老一辈既通晓喃字有谙熟古代汉语的学者。20世纪40年代以后出生的学者对越南古典文学研究的贡献，大都围绕越南古典文学的整理和校勘，上升到严格意义上论、证、考、辨等学术范式者见少。中国台湾学界大多囿于越南语文的限制，也大都从比较文学的视角去探讨越南古典文学。西方学者则更乏于同时通晓越南语、喃字和古代汉语者，对越南古典文学的研究，仍有待进一步审视。

本文的论述，目的在于对国内学界的相关研究进行宏观

---

① 本文节选自拙著《越南古典文学名著研究》（商务印书馆2018年版），略作修改。

的考察，并试图解决几个关键问题：一是为什么是中文学科出身，并且不通晓越南语的学者首先于20世纪50—60年代翻译了越南最经典的文学作品，并取得了空前的成功？这与20世纪初中越文化关系有何关联？二是20世纪80年代中国对越南古典文学的翻译与研究与20世纪50—60年代的反差何在，这与这一时期中越文化关系有何关系？三是20世纪90年代国内对越南古典文学的研究何以见少？国内同属于东方文学、"汉文化圈"的越南的古典文学的翻译与研究何以一再"自我边缘"与"被边缘"？四是20世纪80年代中国最早译介西方比较文学理论的学者之一即为越南文学翻译与研究专家，但自20世纪80年代以来，越南古典文学翻译与研究缘何完全脱离中国比较文学学界？

一、20世纪50—60年代中国对越南古典文学的翻译与研究

20世纪50—60年代，是中越政治关系史上最友好的一页，即越南胡志明主席所说的"越中情谊深，同志加兄弟"时期。在政治非常友好的这一时期，两国文化界交流频繁，文学界亦然。当时，国内曾大量译介越南文学作品，越南古典文学作品《金云翘传》也得到翻译，译者是当时在华南师范大学工作的黄轶球教授，他同时也是中国学界在越南古典文学研究领域的奠基者。

1957年，黄轶球即撰有《越南古典文学试探》一文，对越

南古典文学进行宏观论述,且得到越南学界的认可。①1958年,他又完成了阮攸《金云翘传》的汉译工作,并在《华南师范学院学报》发表了2万余言的《越南诗人阮攸和他的杰作〈金云翘传〉》一文。文章主要对阮攸的生平、时代和著作,《金云翘传》写作经过和渊源,《金云翘传》的结构,作品的进步意义和艺术成就进行了论述。② 实际上,这篇论文是黄轶球完成汉译阮攸《金云翘传》后的一篇论作。论文开篇即说明:"《金云翘传》已由作者全部译完,兹先将这一杰作的内容和诗人生平作一简明介绍,请读者们指正。"③ 1959年,黄轶球译本《金云翘传》由人民文学出版社刊行。

1958年黄轶球《越南诗人阮攸和他的杰作〈金云翘传〉》一文的发表和《金云翘传》汉译本的出版,是中国学界对越南古典文学研究学术史中的一件具有重要历史意义的事。其原因有三:首先,从学术脉络来看,后来在国内学界较具影响的两位学者,即辽宁大学的董文成和台湾成功大学的陈益源,他们对越南古典文学的研究基本是在黄轶球先生的基础之上进行发挥造就的。其次,黄轶球的汉译本获得了国内外同行的较高认可,被教育部指定为全国高等学校东方语言文学系教学参考书目,该书发行量在第1版就达到了18000册。再次,

---

① 徐亮、王一洲、王李英编注:《黄轶球著译选集》,暨南大学出版社2004年版,第44页。

② 黄轶球:《越南诗人阮攸和他的杰作〈金云翘传〉》,载《华南师范学院学报》,1958年第4期。

③ 徐亮、王一洲、王李英编注:《黄轶球著译选集》,暨南大学出版社2004年版,第3页。

黄轶球的译本间接催生了国内学界对阮攸《金云翘传》的另外三个译本。尽管"三重九译"，但黄轶球的译本仍为学界公认的佳作。1961年，黄轶球发表了《越南古典文学名著〈宫怨吟曲〉的研究》一文，[1]对《宫怨吟曲》的作者、作品的社会意义与艺术成就等进行论述。同年，黄轶球整理出了《越南汉诗略》[2]，发表了《越南汉诗的卓越成就》一文。[3]1962年，黄轶球又涉猎越南汉诗的研究，发表了《越南汉诗的渊源、发展与成就》一文。[4]这两篇论文可以说是新中国关于越南汉诗研究的开端。

1964年，黄轶球又转向越南其他古典文学作家和作品的研究，发表了《越南爱国大诗人阮廷炤的贡献及其影响》一文。[5]两年后，"文化大革命"爆发，黄轶球教授也受到"冲击"，[6]国内对越南古典文学的研究一度中断至20世纪80年代。[7]

纵观20世纪50—60年代国内对越南古典文学的研究，我们发现有三个特点：一是就问世论著而言，主要以翻译和研究《金云翘传》为主。二是这一时期研究越南古典文学的国内学

---

[1] 黄轶球：《越南古典文学名著〈宫怨吟曲〉的研究》，《广东师范学院第二次科学报告论文》，1961年3月印。该文又于1962年刊于《广东师院丛刊》。

[2] 黄轶球：《越南汉诗略》，广东师范学院中文系油印版，1961年版。

[3] 黄轶球：《越南汉诗的卓越成就》，载《越南文史研究资料》（第三种），广东师范学院中文系印，1961年2月。

[4] 黄轶球：《越南汉诗的渊源、发展与成就》，载《学术研究》，1962年第4期。

[5] 黄轶球：《越南爱国大诗人阮廷炤的贡献及其影响》，载《中国亚非学会论文》，暨南大学中文系印，1964年7月。

[6] 王李英：《著名越南文学研究专家、教育家、诗人黄轶球》，载徐亮、王一洲、王李英编注：《黄轶球著译选集》，暨南大学出版社2004年版，第592页。

[7] 黄轶球先生在"文革"后也鲜有相关论著问世。

者少之又少。三是黄轶球先生并未有越南语专业背景，但却成功地翻译越南最经典的文学著作，并获得了国内外相关专家学者的认可。

为什么20世纪50—60年代，国内对越南古典文学的研究主要是对《金云翘传》的翻译与研究呢？这实际上涉及国人对越南文化特别是对越南古典文学的接触与了解。中国历代载籍对越南历史文化或多或少都有书写，但多着墨于其对于中国汉文化的濡染或中越关系史之流变。至19世纪，中国困于内政外交，越南也疲于法国殖民，两国的文化交流逐渐疏离。至1949年中华人民共和国成立，1950年中越建交后，两国才正式重新恢复正常的文化往来。两国要进行文化交流，自然需要通晓双方语言文字的专家、学者。古代时，越南长期使用汉字，"书同文"，因此中越之间的文化往来无大障碍。但自19世纪中叶，法国殖民者入侵越南，随后殖民越南近百年。由于种种原因，越南在1945年独立时，宣布拉丁化越南文为国家正式文字。但在1945年成为国家正式文字以前，拉丁化越南文使用的范围较窄，主要在越籍基督教徒中使用，17世纪创制的这一文字，至18世纪上半叶使用人数仅为25万人左右，[①]而越南当时的人口约千余万人。

降至19世纪中叶，法国殖民者也在越南南部直接推行拉丁化越南文，但殖民统治者同时允许科举制度在越南北部和中部一定程度的延续。1918年，越南科举制度才被废除。可

---

① 范宏贵、刘志强：《越南语言文化探究》，民族出版社2008年版，第262页。

以说，至1945年以前，大部分越南知识分子阶层掌握的主流文字仍为汉字。1945年越南宣布独立时，把拉丁化越南文选择为国家文字，实际在很大程度上给越南文化的传承造成了障碍。但此后很长一段时期，国外学者，特别是中国学者了解越南的历史文化仍然停留或主要依赖于汉字载体的中国典籍，即大多只看到越南文化中使用汉字传承的内容。囿于越南新的文字形式，国内学界没有能够紧跟越南文化发展中的新现象和新形式。

越南拉丁化文字和喃字两种形式的文字都是表音文字，都是与越南主体民族语言相互吻合的文字形式。至迟在13世纪，喃字已经在一定程度上开始承担越南本土民族文化的载体。至18—19世纪，越南喃字文学繁荣，产生了一大批越南本土经典文学作品。但由于当时的历史文化背景，国人对于越南文学、文化的了解，大多仍依靠于汉字的载体。这种现象实际上一直延续至20世纪中叶。

国人对汉字文学以外越南文学的了解，实际上自中华人民共和国成立以后才真正走上正轨。1942年，国立东方语文专科学校在昆明呈贡成立，同年，招收了第一批越南语专业的学生。这一批越南语专业的学生毕业后，有一部分成为了北京大学越南语专业的教师，其中包括黄敏中、陈玉龙、范宏宝等教员。在20世纪50—60年代，由于属中华人民共和国成立初期，除了日常的教学任务外，这一批越南语专业教师的大部分精力都投入旨在服务中越两国政治友好关系的翻译任务中去了。这样一来，他们自然无暇涉及越南古典文学研究。这就解释了为什么那个时代只有黄轶球等极少数学者研究越南古典文学。

黄轶球先生与越南古典文学研究的渊源属于历史的巧合。他1906年出生于马来亚，祖籍广东增城，父亲黄俊华是马来亚的爱国华侨。1922年，黄轶球先生小学毕业后，从马来亚归国，就读于广州南海中学。中学毕业后，考上广东国民大学文学系。1929年，他大学毕业，获得文学学士学位后，赴瑞士留学，在菲立堡大学取得文学硕士学位。1932年，又赴巴黎大学文学院攻读博士学位。[①] 在法国期间，黄轶球先生结交了与其年龄相仿的越南著名学者陈文玾(Tran Van Giap, 1898—1973)。陈文玾父亲曾中越南科场举人，所以陈文玾少时即濡染儒学，14岁时，陈文玾又参加越南北部最后一次乡试。18岁时，陈氏即在法国远东学院任职。[②]1927年，陈文玾留学巴黎高等研究院，至1932年回国，继续任职于法国远东学院(河内)。黄轶球与陈文玾等越南知识分子精英于1932年在巴黎相识，此后往来不断。陈文玾先生精通汉字、法文及越南文、喃字诸文字，在越南文学、文化研究领域成就斐然。黄轶球先生对越南文学及越南历史文化的研究兴趣多是由陈文玾先生

---

① 王李英：《著名越南文学研究专家、教育家、诗人黄轶球》，载徐亮、王一洲、王李英编注：《黄轶球著译选集》，暨南大学出版社2004年版，第587—588页。

② 法国远东学院(École Française d'Extrême-Orient, EFEO)成立于1900年，1902年总部设于河内，是法国专门研究东南亚、南亚和东亚文明的国家机构。研究范围涉及历史学、考古学、人类学、民俗学、艺术、文献学等。在传统人文研究领域，具有百年传统历史的法国远东学院的东南亚研究，可以说是最权威的。近代以来，为中国学界所熟知的汉学家沙畹、伯希和、马伯乐均出自法国远东学院。

引介的,其对越南古典文学的早期认知,始于20世纪30年代,笔者可以举出一例证明。1938年,黄氏曾译陈文玾教授的《越南典籍考》,该译文曾于1949年由广东国民大学文学院印行,笔者幸于旧书店中购得一本。该译文就述及越南古典文学名著之《征妇吟》:

《征妇吟》。邓陈琨撰。景兴元年(1740)国乱,将士均别家赴疆场。此种景况,撩动作者撰著此诗以表征妇哀伤之情感。作者效唐诗人体制,加以技巧以成其杰作,赋予美感及柔媚之性格。①

1985年,黄轶球先生曾在其译文《越南佛教史略》中提及陈文玾:

陈文玾为现代越南著名学者,生于1898年。少时即学习汉文,对中国古典文籍有一定的认识。其后专攻法文,留学六年,从法国汉学家马司伯洛(马伯乐)、伯希和等游,治东方语文。回越南后,在河内远东学院(法国远东学院)工作。对越南文献整理及中越文化交流史的研究,卓有成绩。越南独立后参加革命,以后在"文史地研究会"及中央图书馆工作。

---

① [越]陈文玾撰、黄轶球译:《越南典籍考》,广东国民大学文学院印行1949年版,第84页。

陈氏著作颇多，主要有《越南典籍考》《越南佛教史略》《刘永福》《汉喃藏书探索》第一、二集，又参加编撰《越南作家传略》及《越语词典》。

1938年译者（指黄轶球）曾译其《越南典籍考》，1961年蒙寄赠本书《越南佛教史略》，嘱为汉译，作为中越学术交流之助。人世沧桑，迟至今日，始践诺言……。①

结合黄轶球先生专治外国文学的学科与专业背景，我们不难推断，陈文珮应很早就向黄轶球先生推介了越南最著名的古典文学名著——《金云翘传》了。不难想象，中华人民共和国成立初期，国人对于越南古典文学的了解渠道，受制于种种历史条件，而黄轶球与越南古典文学的接触则绕道法国，得越南学者陈文珮诸君的指点。

20世纪50—60年代国内学界专治《金云翘传》的译介与研究的主要是黄轶球教授。当然，在译介《金云翘传》之后，黄氏也涉猎诸如《宫怨吟曲》等其他古典作品的探索。

这一时期，黄轶球先生对于越南古典文学的研究获得了国内外的学术美誉。除上文提及的《金云翘传》译本被教育部指定为全国高等学校东方语言文学系教学参考书目外，他的成果还被引进我国外国文学研究专家编撰的《外国文学史》"东方文学"部分。越南学者也把这些成果引进《越南文学史》

---

① ［越］陈文珮撰、黄轶球译：《越南佛教史略》，译者按，连载于暨南大学东南亚研究所《东南亚研究资料》1985年第1、2、3期。

中，越南文学院院长也曾亲赴广州请教于黄轶球先生。苏联东方文学专家也曾致函对《金云翘传》的翻译表示赞赏，并请教有关问题。国内的东方文学研究专家也曾多次来函对《金云翘传》的成功翻译表示祝贺。[①]

至此，我们尚且还有一些问题尚未解决。即黄轶球先生不具备越南语专业背景，为何选择法文版的《金云翘传》作为翻译的版本，如何理解这一译本的成功与瑕疵？我们尚缺乏足够的证据证明黄轶球教授完全不通晓越南语。黄轶球先生在国内获得的本科和在瑞士及巴黎大学文学院攻读的是文学博士学位，自然非越南语专业出身。但非越南语专业出身并不能说明黄氏一点也不懂越南语文。遗憾的是，笔者所见黄轶球先生撰著中从未提及自己是否通晓越南语文。在黄轶球先生的各篇论文中，我们找到两处可资参考的文字。1964年，黄氏在《试论十九世纪越南南部反侵略诗歌的光荣传统》一文的文末提到："本文所引诗歌，译时多得徐善福同志协助，附此致谢。"[②] 在另外一篇论文《越南爱国诗人阮廷炤的贡献及其影响》的文末，也提及："本人所引诗歌，译时多得徐善福同志协助，特此致谢。"[③] 徐善福先生是越南归侨，曾任暨南大学

[①] 王李英：《著名越南文学研究专家、教育家、诗人黄轶球》，载徐亮、王一洲、王李英编注：《黄轶球著译选集》，暨南大学出版社2004年版，第591—592页。

[②] 黄轶球：《试论十九世纪越南南部反侵略诗歌的光荣传统》，广东语言文学学会首届年会论文，1964。

[③] 黄轶球：《越南爱国诗人阮廷炤的贡献及其影响》，中国亚非学会论文，暨南大学中文系印，1964年。

华侨研究所所长，撰著颇丰。由此，我们可以判断，黄轶球先生略通越南语文，但不是非常精通，涉及越南语的翻译，有些地方仍需依靠徐善福先生的协助。

　　黄轶球为什么选择了法文版的《金云翘传》进行汉译？他本人也从未对此进行过解释。我认为黄氏之所以选择法文版的原因大致有三。第一，20世纪初期，拉丁化越南文尚未成为越南传统文化的主要文字传承形式。拉丁化越南文创制于17世纪初，至19世纪法国殖民越南以前，这一文字仅限于越南基督教信徒使用而已。[1]19世纪中叶，法国入侵越南后，在越南南部逐渐推行法文与拉丁化越南文的教育，但以汉字为主体的科举考试一直延续至20世纪初。也就是说，直至20世纪，越南文学与文化传承的主流文字形式并非拉丁化越南文。第二，20世纪初至中叶，法文成为越南文学文化传承的重要文字形式。以阮攸喃字版《金云翘传》为例，1866年，首部由河内柳文堂刻印的喃字版本问世。1884年，《金云翘传》的法文译本随即问世。1884年至今，《金云翘传》法文译本已经超过了10个版本。[2]第三，在20世纪中叶，阮攸《金云翘传》的法文版本较之拉丁化越南文版本更具国际影响力。阮攸《金云翘传》拉丁化版本虽出现于1875年，较之法文译本略早，但由于拉丁化越南文的直至20世纪40年代才获得真正意义上的推

---

[1] 范宏贵、刘志强：《越南语言文化探究》，民族出版社2008年版，第266—274页。

[2] 刘志强：《越南古典文学四大名著》，世界图书出版公司2010年版，第20页。

广。1945年，越南宣布独立时，全国的文盲率（拉丁化越南文的识字率）达到90%以上。在20世纪初至20世纪中叶，大部分的越南之外各国知识分子对于越南文学与文化的了解，大都依赖法文或汉文的文献。

二、20世纪80年代中国对越南古典文学的翻译与研究

20世纪80年代，中国国门打开，改革开放的浪潮席卷中华大地。国外相关学术理论逐渐得以引进与吸收。这一时期，在国外文学研究领域，使用比较文学的理论和方法进行研究，一度成为国内学者的首选范式。

但这一时期，国内学界对于越南古典文学的研究，仍停留在对《金云翘传》的探讨上。其中以中文学科出身的学者、辽宁大学的董文成教授为代表。其代表作是发表在《明清小说论丛》上的两篇长文——《中越〈金云翘传〉的比较》）。[1] 董氏分别从两部作品的不同命运、人物、故事、主题思想进行比较，并对其异同进行了分析。

董氏二文为国内学界从比较文学的视角研究《金云翘传》提供了新的资料和观点，引起了中越学人的关注。但董氏下的两点结论，却引起了中越学界不小的"波澜"。董氏认为："一、从总体上看，我觉得阮攸的《翘传》无论在内容上还是在

---

[1] 董文成：《中越〈金云翘传〉的比较》（上、下），载《明清小说论丛》（第四、五辑），1986年和1987年。此二文后又收录于董氏《清代文学论稿》，春风文艺出版社1994年版。

艺术上，均未超过其摹仿底本——中国《翘传》的水平。二、阮攸的《翘传》保存了中国小说原作的大部分精华，虽对原作内容和艺术也有所损益，但还是保存的多。因此，对中越文化交流史有贡献，其《翘传》还是一部值得肯定的作品。"① 董氏的观点多通过把青心才人编次的《金云翘传》与黄轶球先生的译本进行比较得来，暂不论其是否失允，董氏的论断当时却引起了越南学界的强烈不满。令中国学界唏嘘的是，黄轶球先生的译本反而成为"代罪羔羊"。越南学者将董文成对阮攸《翘传》评价的不当或偏颇归咎于黄轶球先生译本的失真甚至错译。越南学者范秀珠直言："这完全是由于该书的中文译本中有多处翻译失真甚至错译，从而使读者对原作产生了太多的误解所致。"②

董氏为何对越南《金云翘传》产生这样的评价？其不通晓越南语，为何又对这一领域产生兴趣？如何去理解他的观点？

董先生在其1986年出版的《清代文学论稿》中说道："六十年代我在大学中文系读书时，就从外国文学课中了解到，越南有一部世界闻名的叙事长诗，叫《金云翘传》。从此，《金云翘传》的名字就作为东方文学的一颗明珠印入了我的记忆之中。后来，根据这部长诗中文本译者黄轶球先生的介绍文字，才知道这首长诗原来是根据一部在国内已经失传了的中国通俗小说改写的。因为它同祖国文学有着血缘关系，所

---

① 董文成：《中越〈金云翘传〉的比较》（上），载《清代文学论稿》，春风文艺出版社1994年版，第96页。

② Pham Tu Chau, *Di Giua Doi Dong*, Nhan xuat ban Khoa hoc Xa hoi, 1999.

以我对这部书就格外有兴趣,不仅读了黄先生的译著,还随时留意别人介绍的文章。1965年,读了刘世德、李修章所撰《越南杰出的诗人阮攸和他〈金云翘传〉》一文之后,更加深了我对这部著名长诗的印象……。"[1]

董文成教授的这段文字可以解释其对越南古典文学研究产生兴趣的渊源,但其对于越南古典文学代表作的论断,在今天看来,似乎仍略显有些仓促。但倘若回到那个时代背景去解释,也不难理解。董氏在其《中越〈金云翘传〉的比较》(上)一文中说道:"发展我们的社会主义新文学,需要学习和借鉴外国的优秀遗产。但也不能数典忘祖,还要尊重和继承自己民族的优秀文学遗产。本着这种精神,我早就盼望有一天能够看到那本据说在国内'传本湮灭'了的中国小说《金云翘传》。1981年,当我在大连图书馆意外地发现它的时候,那种兴奋的心情简直无法形容……。"[2] 在当时"发展社会主义新文学"的意识形态影响下,董氏一直在尝试寻找这种"墙内开花墙外香"现象的原因,为什么越南人通过本土诗歌形式对明清小说《金云翘传》的转译与改写,取得了举世瞩目的成功,而其蓝本却湮没不闻?其主要的研究方法是进行文本的比较,即使用黄轶球先生的汉译本与青心才人的蓝本进行人物、故事、主题思想以及一些文本细节的比较,从而得出上文的论断,即所谓越南的译介本无论是内容还是艺术上均未超过其蓝本的水平。

---

[1] 董文成:《中越〈金云翘传〉的比较》(上),载《清代文学论稿》,春风文艺出版社1994年版,第84页。

[2] 同上书,第85页。

董氏论点的主要目的似并非在对越南《金云翘传》的评价,而是对中国小说《金云翘传》在中国文学史中的地位鸣不平。董氏在文中说道:"中国《翘传》(《金云翘传》)被长期埋没甚至贬抑的奇怪现象,说明我们对自己祖先留下的丰富的文学艺术宝藏还缺乏足够的认识……青心才人的小说《金云翘传》应当重新评价,其在中国小说史上和世界文学史上的重要影响应当得到承认和公正的评价。"①

董氏提出自己的观点,在当时的学术背景下也值得理解,除了民族主义情节外,他还在国内学界首先找出了青心才人小说的藏本,这是20世纪50—60年代黄轶球先生的遗憾所在,黄轶球先生在翻译越南阮攸《金云翘传》之前并未能读到青心才人的蓝本。直至1984年,黄先生才闻讯辽宁春风文艺出版社将小说重新整理出版,当时他还作诗感怀:

翘传流传两百年,忽惊海外有新篇。
残膏剩馥真无价,文藻炎荒启后人。②

黄轶球先生对比较文学的造诣是相当深厚的,这在饶芃子教授为其著译选集所作的序言中说得较为清楚。"文革"后,暨南大学复办,黄轶球先生担任中文系副主任,后由饶芃子教

---

① 董文成:《中越〈金云翘传〉的比较》(上),载《清代文学论稿》,春风文艺出版社1994年版,第96页。
② 黄轶球:《读小说〈金云翘传〉绝句八首(1984)》,载徐亮、王一洲、王李英编注:《黄轶球著译选集》,暨南大学出版社2004年版,第535—536页。

授担任，黄轶球先生当时对饶芃子教授说，暨大才复办，要在传统学科发展上创优势，困难很大，应该引入比较文学，开拓新学科。这不是一下子能做到的，可从中西文学的比较研究做起。当时，比较文学刚在大陆兴起，只有少数的译著和论文，饶芃子教授还让黄轶球先生给欧美文学和文艺学两个专业的研究生开设"比较文学课"。[1]

但遗憾的是，黄轶球先生自1984年直至1990年仙逝，均未见其对中越《金云翘传》比较研究的文章问世。其中原因，仍有待进一步的探索。

20世纪80年代中国对越南古典文学的翻译与研究与20世纪50—60年代的异同主要表现在三个方面：首先是活跃在这一领域的学者仍然是以中文学科出身背景为主；其次是这一时期的翻译与研究具有明显的时代印迹，研究略带有民族主义情节，以提升越南古典文学作品创作的蓝本地位为主要目的之一，这与当时的中越关系大背景不无关系；第三，由于当时中越关系的恶化，中越学者之间没有像20世纪50—60年代那样，可以进行较为密切的交流，"隔空喊话"与"各说各话"更多地代替了理性与冷静；而通晓越南语言文化的中国大陆越南语教员们，由于"文革"的阴影和同行相忌等诸多因素，对于当时完全不通晓越南语文的董氏论断，却在这一时期保持集体沉默。[2]

---

[1] 饶芃子：《黄轶球著译选集》序，载徐亮、王一洲、王李英编注：《黄轶球著译选集》，暨南大学出版社2004年版。

[2] 过去十年，我曾以此事多次采访过一些"知情者"。

从20世纪50年代到80年代，国内学界对越南古典文学译介的认知从无到有，甚至开掘出了青心才人的小说版本，但越南学界对青心才人小说的研究，以及对中越《金云翘传》的比较研究，并非一无所知，但囿于各种原因，学术探讨并不见多，其中隐情，更值得思考。

三、20世纪90年代中国对越南古典文学的翻译与研究

20世纪90年代中国在这一研究领域的代表人物是台湾成功大学的陈益源先生，其学科出身仍是中文，焦点仍停留在《金云翘传》。较之辽宁大学的董文成教授，陈氏自1998年起，开始进行台湾专题研究计划"中越《金云翘传》之比较研究"（含中越边境《金云翘传》民间口传资料采录）。① 自1998年至2000年，陈氏广搜世界各地的金云翘故事版本，同时从民俗学视角展开研究，前后陆续发表了多篇论作，2001年辑成《王翠翘故事研究》一书出版。

陈氏对越南古典文学的兴趣与20世纪90年代董文成的相关研究有一定的关系。这在中国著名明清小说研究专家朱眉叔(1922—2006)给董文成先生《清代文学论稿》所作的序言中有所提及："（董）文成此书的论述，不仅在大陆，在海外也受到重视。《中越〈金云翘传〉的比较》一文，在越南学术界引

---

① 陈益源：《〈金云翘传〉与我的小说研究》，载陈益源：《王翠翘故事研究》，西苑出版社2001年版。

起不小波澜，台湾古典小说研究会副秘书长陈益源的《〈剪灯新话〉与〈传奇漫录〉之比较研究》等专著，都在不同程度上评价、引用文成此书的论述，予以充分肯定。"[1]

陈氏《王翠翘故事研究》，从民间文学视角出发，考察王翠翘故事从史料传说到小说戏曲，从小说戏曲到叙述长诗，从叙事长诗到民间故事的流变，从时间和空间等多维度对王翠翘故事在明清时期的传播，及其在越南、广西和台湾的故事版本等进行了论述，书末还收录了越南汉文小说《金云翘传》、《金云翘汉字六八体歌》和广西《金仲和阿翘》各版本的全文。尽管该论著并未从正面对中越《金云翘传》孰优孰劣进行评价，但其所论观点却较为中肯：

> 关于中越《金云翘传》的比较研究，必须站在客观审慎的角度来进行，而且比较的意义也不以区分孰优孰劣为重点，何况截止目前为止，越南《金云翘传》还没有出现一个真正理想的汉译本；阮攸究竟是怎样从中国文学（不只是青心才人的《金云翘传》而已）汲取文学创作的养分；中国姑娘王翠翘又怎么能够完全走入越南人民的心中；能否借此深入探索文学的价值，文化交流的意义，乃至人类共同的思想与感情……；这些尤待开拓的课题。不过，处在现阶段中国小说史常常还无法大幅超越鲁迅《中国小说史略》的情况下，针对青心才人《金云翘传》

---

[1] 朱眉叔：《清代文学论稿》序，春风文艺出版社1994年版。

所发的感慨与不平之鸣，绝非无病呻吟，类似的省思与呼吁仍有持续下去的必要。①

陈益源得出这样的观点是较为公允的。其原因，除了陈氏本身扎实的学术造诣以外，还有其他的因素。首先，较之以往，20世纪90年代，中越关系得以改善，无论是大陆还是台湾与越南的人文往来均获得较为宽松的政策。这在1991年中越关系正常化之前是不可能的。因此之便，陈氏得以与越南学界进行广泛的交流，借鉴了大量越南的相关资料。其次，在研究王翠翘故事过程中，陈氏并不附带有任何民族主义情节。

值得反思的是这一时期大陆学界对越南古典文学翻译与研究的缺失。其原因也是多方面的。首先，从学者群观之，中国大陆既通晓越南语文又对越南古典文学具有较为扎实翻译与研究基础的是北京大学东语系的越南语教员们。尽管自20世纪50年代起，北大东语系越南语教员也在不同的历史时期介绍过越南大文豪阮攸及其越南古典文学的巅峰之作——《金云翘传》，但在很长一段时期，北大越南语教员们的主要任务和兴趣仍多集中于教学和相关语言、文化领域的研究，对古典文学的翻译与研究感兴趣的人不多。其次，从事越南语教研的队伍在大陆实行改革开放政策后出现了"青黄不接"的现象。第三，20世纪70年代末至80年代初，西方比较文学理论引入中国大陆以来，国内关注的重心仍在欧美文学，东方文学特别是东

---

① 陈益源：《王翠翘故事研究》，西苑出版社2001年版，第162页。

南亚文学一直处在较为"尴尬"的两难境地,缺乏相应的重视和交流的平台。再加上学科建设的种种掣肘,至20世纪90年代,北大未见有一部涉及越南古典文学翻译与研究的论著问世。

值得一提的是大陆其他开设有越南语专业的院校偶也有相关论文见刊,但多停留在介绍的层面,以专著为形式的研究成果见少。

四、21世纪以来中国对越南古典文学的翻译与研究

国内通晓越南语的学者其实一直关注国内对越南古典文学的翻译与研究。首先挺身而出的是归国越南华侨罗长山先生。2006年,其译著《越南世界古典文学名著——〈金云翘传〉》问世。[1] 遗憾的是该书在越南刊行,国内鲜有流通版本。

这部汉译本尽管存在不少谬误,但却引起了国内具有越南语专业背景学人的学术效应。首先是2006年,越南驻南宁领事馆在广西南宁举办了公开发行仪式,越南学界对此译本大加赞誉,[2] 而实际上由于译者的中文诗歌功底较为薄弱,该本的翻译较之黄轶球先生译作,具有较大的差距。其次是激起了北京大学东语系等院校相关教授的学术责任感。其中尤

---

[1] 罗长山译:《越南世界古典文学名著——〈金云翘传〉》,越南文艺出版社2006年版。

[2] Nguyen Khac Phi, *La Truong Son, nha khoa hoc Trung Quoc am hieu nen van hoa va van hoc Viet Nam, yeu men va quy trong truyen Kieu, Thay loi gioi thieu*, Nxb Van Nghe, 2006.

为值得一提的是北京大学的赵玉兰教授。

正值罗长山教授的译本问世的2006年，赵玉兰教授即发表了《重译〈金云翘传〉的动因及对一些问题的思考》一文，[①]阐明了其决心重译《金云翘传》的动因是多方面的。其中包括黄轶球译本成为董文成观点的"代罪羔羊"，陈益源先生对国内《金云翘传》理想译本的期待，对罗长山"失真"译本亟需纠正的压力和责任。文中，赵玉兰教授引用翻译家张学曾的观点来表明自己重译的初衷：

> 作为一个译者要对三头负责。一头要对作者负责。翻译时要体现原诗的风貌，要无愧于原作，不要糟践了作者；另一头要对读者负责，要无负于读者，给读者美的享受，不要给读者以错误的理解和印象；还有一头就是要对自己负责。作为一个译者要对得起自己，译出来的东西，白纸黑字，体现你的水平，代表你的身份，因而必须慎重。自己认为不成功的，甚至自己都读不懂的译诗，千万别拿去发表，交给读者。[②]

2008年，赵玉兰教授又发表了《〈金云翘传〉中文翻译刍议》一文，该文强调："产生一个较为'理想的'《金云翘传》

[①] 赵玉兰：《重译〈金云翘传〉的动因及对一些问题的思考》，载《东南亚研究》，2006年第4期。

[②] 杜承南、文军主编：《中国当代翻译百论》，重庆大学出版社1994年版，第301—302页。

中译本的重任将责无旁贷地落到了通晓汉、越两种语言，了解中、越两国文化的学者肩上。"[1]赵玉兰教授的观点又进一步引起了具有越南语专业出身背景的其他学人重译《金云翘传》的"冲动"。2011年，中国人民解放军外国语学院越南语专业祁广谋教授的译作《金云翘传》问世。祁氏在译序中阐明了翻译动因："人民文学出版社1959年出版的黄轶球先生所翻译的《金云翘传》有一些不如意的地方，但它确实为过去的越南文学研究和中越跨文学比较研究发挥了不小的作用……一部高质量的翻译作品实为文学研究尤其是比较文学之所必须，也是文学交流所必须。"[2]暂不论这部译作是否达到高质量的水平，但它的问世却让具有越南语专业背景，或具有留学越南经历的学人再次站了出来。

2013年，赵玉兰教授的著作《〈金云翘传〉翻译与研究》问世，[3]该书的学术价值获得了国内学界的一致认可，同时也还获得了政治上的认可，时正直越南国家元首访问北京，该书作为文化交流的见证品，赠给了越南国家主席张晋创，《中国东南亚研究会通讯》还专门刊发了书评。

纵观中华人民共和国成立以来中国对越南古典文学翻译与研究的基本脉络，我们可以看出，这一领域的学人经历了从中文学科学者主导到外语学科耕耘，由通晓西方文论的学人

---

[1]　赵玉兰：《〈金云翘传〉中文翻译刍议》，载《广西民族大学学报》（哲社版），2008年第2期。

[2]　祁广谋译：《金云翘传》，世界图书出版公司2011年版，译序。

[3]　赵玉兰：《〈金云翘传〉翻译与研究》，北京大学出版社2013年版。

奠基到谙熟越南文学专家"试水"的过程。审视半个世纪多以来的历程，笔者发现有几个值得思考的问题。

首先是国内过去对越南古典文学的翻译与研究并没有完全解决其跨文化的本质问题。其中的原因主要还是学术交流的问题。第一，在这一领域的奠基者或各个时代的代表学人——黄轶球先生、董文成先生、陈益源先生无一谙熟越南语文，而越南的整个历史文化发展是极其复杂的，仅使用的官方文字就包括汉文、喃字、法文、拉丁化越南文四种，其所谓古典文学者，多发凡于中国明清小说，但土壤不同，影响各异。诚如《晏子春秋》中的一段文字："橘生淮南则为橘，生于淮北则为枳，叶徒相似，其实味不同，所以然者何？水土异也。"其"水土"异在何处？这是一个很值得玩味的问题，也是长期以来中、越两国学者都很感兴趣的研究课题。特别是近年来，随着比较文学研究的发展，对阮攸《金云翘传》的翻译与研究更凸显其具有必"得其门而入"的重要意义。

谙熟越南语言文化的赵玉兰等教授开了"正面"翻译越南古典文学名著的先河。但似乎这些译著仍然解释不了越南《金云翘传》在世界文坛的影响远远超过其蓝本的真正原因。因为过往过于重视"味之不同"而忽视"水土之异"的研究，中文译本的读者仍然很难体会到原作在原来语言中的美感。

另外一个关键的因素是我们忽视了越南学界在这一领域的深厚积累。其一，就汉译越南喃字本《金云翘传》而言，较之黄轶球先生，越南本土学人早在1915年就完成了，当时的越南本土译者参加过越南科举考试，汉文功底自不待言，他们更通晓喃字及越南语,对越南历史文化和中越文化关系的了解自然不在国内学人之下。他们的译本就质量而言,较之国内学人,有过之而无不及。但即便陈益源教授曾于10余年前就读到了比国内任何学人都翻译得好的汉译本,也尚未能解释两国译本影响差异的深层次原因。再次,就国内学人对中越《金云翘传》的比较研究领域的成果而言,研究内容的主要部分,越南汉学家在19世纪中叶就已经完成了。19世纪中叶的越南汉学家如贴云氏,就已经完成了考证了金云翘故事的流变,并对青心才人和越南两个文本进行了逐句的对比研究。

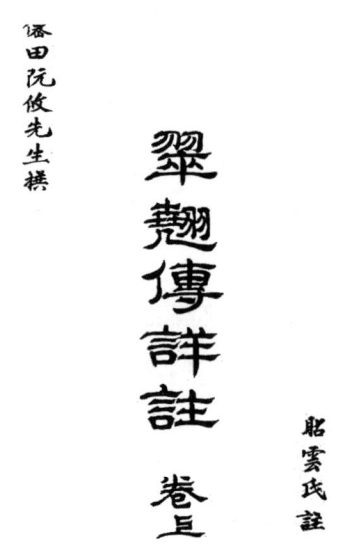

越南汉学家贴云氏《翠翘传详注》

其次是由于过去中国大陆的学术环境问题,造成了"中"、"外"、"东"、"西"之间缺乏交流的平台。我所说的"中"、"外"、

"东"、"西"指的是中文学科、外语学科、东方文学与西方文学之间长期缺乏交流平台。当然,这其中有所谓学科、研究领域的"主流"与"边缘","强势"与"弱势"之分。而实际上学术研究的使命并不需要考虑过多这些因素,但处在中华人民共和国成立、"文革"前后两大时代背景的越南古典文学乃至东南亚文学研究①在国内外的声音,似乎与当年青心才人的《金云翘传》一样,几乎是"湮没不闻"的。囿于时代的大环境,具有越南语文知识背景出身的知识分子似乎长期保持着一种"矜持"。这也是造成过去很长一段时期,越南文学的探讨也好,中国与东南亚文学关系的研究也罢,都处于一种"自我边缘"的状态。改革开放初期,国内兴起的比较文学热潮同样也席卷了原本精通越南语文的研究专家,其中尤其值得一提的是,北京大学东语系越南文学研究专家颜保教授,他是国内翻译出版法国学者马里奥斯·法朗索瓦·基亚《比较文学》的作者。这本于1983年由北京大学出版社出版的比较文学译著,曾是早年比较文学专业的必读教材,谁又料到,译者是一位享誉越南学界的中国著名越南文学研究专家? 过去中国大陆大学的学科设置定位又与学术研究造成了一定程度的错位。长期以来,外语学科的应用型定位尽管发生了较大的变化,但似乎这种实质性的变革仍待时日。

第三、中国的东南亚翻译文学与比较文学的研究"当其势,是其时"。近年来,比较文学和翻译史研究学界对东南亚

---

① 东南亚华文文学研究除外。

文学的关注,是令人鼓舞的。我们欣慰地看到谢天振教授在1990年即关注到了中国与东南亚各国文学关系的研究,并认为这些都是有待"开发",大有可为的。[1] 尽管由于种种客观和主观的原因,过去半个世纪我们做得仍然不够,但我们强烈地意识到了。我们也可喜地看到王宏志教授主编的《翻译史研究》在2011年和2012年都对越南[2]和马来世界[3]有所关注。

就笔者的愚见,若真要"拨开云雾",从严格意义上去从事翻译与比较文化的研究,学人们似仍有必要重视多年前马里奥斯·法朗索瓦·基亚的提醒,即作为一个比较文学工作者,首先应该是一个历史学家——当然,应该是一个文学的历史学家,假如对18世纪法国教会的情况一无所知,怎么能恰当地评价波舒哀(Bossuet)呢?所以就要求比较文学工作者必须具有足够的"历史修养",才能把自己观察到的文学现象放置到它总的背景上来;其次,比较文学工作者又是各国间文学关系的历史学家,还要知道到哪去寻找第一手资料……。[4] 这也是笔者从事这一领域研究基本的自我要求。

---

[1] 谢天振:《对比较文学学科理论的几点思考》,载《中国比较文学》,1990年第1期。

[2] 岩月纯一著、刘桂芳译:《越南的"训读"和日本的"训读"——"汉文文化圈的多样性"》,载王宏志主编:《翻译史研究》,复旦大学出版社2011年版。

[3] 多丽丝·叶杰姆斯基著,陶磊译:《马来世界里的翻译——不同的群体,不同的议题》,载王宏志主编:《翻译史研究》,复旦大学出版社2012年版。

[4] [法]马里奥斯·法朗索瓦·基亚著,颜保译:《比较文学》,北京大学出版社1983年版,第4—5页。

附录一

明清中国东南亚语种翻译史考略

随着中国与东南亚国家文化交流与合作关系的日益发展,东南亚语种专业方兴未艾,取得了很大的发展。但同时我们也发现,东南亚语种专业在不少情况下还是得不到应有的重视。通过考察这一专业学科的历史,我们找到了一些语种翻译被边缘化的历史原因。同时,也发现,明清时期培养东南亚语种翻译的一些教学方法值得我们参考,分散在各类史籍中的东南亚语料也非常值得我们进一步去研究。

一、明清时东南亚语种翻译曾受到高度重视

明朝官方有四夷馆和会同馆两个正式的翻译机构,专门负责"四夷"语言的翻译。东南亚各国语言文字的翻译也归这两个机构负责。这是中国官方比较正式地成立"四夷"翻译专业机构。

古代中国多以"天朝"自居,周边小国被称为"四夷",东南亚国家的语言更是多被轻视。以越南语为例,越南史籍曾记载宋朝讽刺其为"鸟言",如《大越史记全书》记载:"宋太平兴国五年(980)八月,宋帝下诏出师来侵。遣卢多逊赍书告

曰：'夫中夏之于蛮貊，犹人之有四肢也……尔(指越南)民飞跃野人也，我有车马；尔民鼻饮，我有酒食；用革俗也。尔民断发，我有衣冠；尔民鸟言，我有诗书，将教尔礼也。'"[①]这种轻视周边国家语言、文字的态度在明朝开设四夷馆时仍表现明显。明人徐学聚所撰《国朝典汇》卷六十记载："永乐十九年(1421)，上谓诸番字中国宜解其义，因选太学生聪明者习之，诸生多不悦，辄生谤议，上怒，将罪之，学士杨荣救免，遂命掌之。荣训迪得宜，自是帖服，率皆有成，有官至五、六品者。"[②]中国士大夫重视"科举出身"的传统思想是"太学生"们不情愿学习"四夷"文字的重要原因。但永乐皇帝重视翻译的态度却值得我们思考。直至今日，在很多场合，这些语种仍然得不到重视，有些学习它们的学生也在不少场合回避自己的专业。

明朝洪武、永乐、正统、弘治等数位皇帝都曾亲自下谕旨督学"四夷"语言文字，这是前代历史所没有出现过的。这说明明廷重视了解周边国家的情况，重视发展与周边国家的关系。清人吕维祺所编《四夷馆则》收录两道督学"四夷"语言文字的谕旨。其中一道谕旨是明朝正统九年(1444)所颁，谕旨说道："圣谕朝廷怀抚四夷，因其言语文字不通，所以授译字官以达其情，比先选监生、官民家子弟习学，有成效的都与他职事。"这道谕旨其实也点明了明朝开设"四夷"语言文字翻译机构的目的，即"怀抚四夷"。弘治皇帝也亲下谕旨督学，

---

① ［越南］吴士连等撰、陈荆和编次：《大越史记全书》，日本东京大学东洋文化研究所1977年版，第405页。

② ［明］徐学聚撰：《国朝典汇》，北京大学出版社1993年版，第3921页。

"弘治三年(1490)五月二十五日,该礼部尚书耿等题奉钦依四彝馆子弟务要专工习学本等艺业,精通夷语,谙晓番文,以备应用"。①

弘治七年(1494),四夷馆又增设太常寺卿、少卿一员。太常寺卿是正三品官职。此外,明朝官修《明会典》时,专门请四夷馆刘尚宾、徐可行、李宪、李杰王尔、成九寒五位译字官撰修《会同馆·各国通事》一卷内容。可证明朝廷对"四夷"翻译的重视。

清承明制,于顺治元年(1644)分设会同馆、四译馆。四译馆即对四夷馆的改称。四译馆隶属翰林院,设"太常寺少卿"四品官职,该机构负责翻译"远方朝贡文字",人数二十人。这些人大部分是明朝投诚清朝的翻译人才。《四夷馆增定馆则》记载,"十馆各官旧由吏部题授,自元年投诚即以原官办事"。②清初,四译馆分设八馆,其中东南亚语种包括缅甸、八百和暹罗三馆。

二、明清时各东南亚语种翻译专业的发展

永乐五年(1407),明朝设立了提督四夷馆,专门负责翻译各邦语言文书。其中开设最早的专业是缅甸语言文字翻译,

---

① [清]吕维祺编:《四夷馆则》,(台北)文海出版社1977年版,第7—8页。

② [清]吕维祺辑,曹溶、钱埏增补:《四夷馆增定馆则·新增馆则》(续修四库全书),上海古籍出版社2007年版,第519页。

其次是暹罗语言文字翻译，再次是八百语言文字翻译。《明会要》记载："永乐五年二月甲子，设四夷馆：蒙古、女真、西番、西天、回回、百夷、高昌、缅甸凡八馆，隶翰林院……正统六年(1441)增八百馆。万历七年(1579)，增暹罗馆。"[①]关于八百馆的设立，《明会典》卷二百二十一，翰林院条记载："正德六年(1511)，增设八百馆。"《明会典》为官修，又有四夷馆官员参加编撰，当更可信。另外，吕维祺编《四夷馆则》也记载："正德六年，增设八百馆。"[②]则八百馆当设立于正德六年，即1511年。其他东南亚国家的"文书"如占城、真腊、爪哇、满剌加等国，由于当时他们都信奉回教，所以"遇进贡番文"则由回回馆代译。[③]明朝四夷馆中东南亚各馆官员规模不小。根据《四译馆则》的记载，缅甸馆最多，为二十九人；其次为八百馆，有十九人；再次为暹罗馆，有十七人。但真正担任教学任务的人员不多，管理人才不少。

根据《大清会典》的记载，苏禄于雍正四年(1726)才入贡清朝，南掌则于雍正八年(1730)才入贡。[④]由于它们入贡清朝时间较晚，所以苏禄与南掌二国翻译机构的设立也比较晚，到乾隆十三年(1748)才设立。《清实录》记载："乾隆十三年，五月，戊申……寻议：'……合暹罗、缅甸、百夷、八百并苏禄为一馆，曰百夷馆，将暹罗、百夷译字生，酌留四人，以备体制……'，

---

① [明]龙文彬撰：《明会要》，中华书局1956年版，第665页。
② [清]吕维祺编：《四夷馆则》，(台北)文海出版社1977年版，第45页。
③ [明]佚名撰：《四夷馆考》卷上，上海东方学会民国印本。
④ 《大清会典》卷三十九《掌四裔职贡》。

从之。"①

明朝设立的会同馆这一机构虽然称不上是专门的翻译机构，但是这一机构安排了不少通晓东南亚国家语言文字的通事，专门用以接待外国来朝使节。《明会典》卷一百零九，会同馆、各国通事条记载了八个东南亚国家语种，十四位通事的情况：

表一　明会同馆东南亚国通事表②

序号	国别	通事人数	备注
1	安南国	2	—
2	真腊国	1	成化二十年(1484—)，添一员，后以空缺，俱不补。
3	暹罗国	3	—
4	占城国	3	—
5	爪哇国	2	后俱不补
6	苏门答剌国	1	后不补
7	满剌加国	1	—
8	缅甸	1	后不补

会同馆的通事补充了四夷馆所不单独设馆的诸如安南、真腊、占城、爪哇、苏门答腊、满剌加等国家的翻译机构。

明清二朝虽然重视"四夷"语言文字的翻译，但是东南亚各国语种翻译的建设还是遇到了不少的问题。

一是教员不足。这使得朝廷不得不想方设法补充教员。

---

① 《清高宗实录》卷三百一十五。
② 本表为笔者根据《明会典》卷一百零九，会同馆条有关记录自行制作而成。

当时通常采用三种方法。方法一是让原教师的子弟作为教员继续担任教学任务。《四译馆则》记载："本馆(四夷馆)年深教师在任病故,子孙通译无过者为世业子弟,比例陈情送馆继业……万历十二年(1584)十月,内缅甸馆教师序班夏凤朝男、夏继恩比例……。"①方法二是到各个边关省份访求通晓东南亚语种的人才。《四译馆则》记载："先年各馆缺人教译,具承内阁行礼部请束力各边防取谙晓番译人员赴部考验,授以官职,送馆教译……。"②方法三是留贡使做教员。贡使留做教员,就成为了中国早期的外教。中国缅甸语、暹罗语、八百媳妇国语较早外教情况如下表:

表二 明朝缅甸语、暹罗语、南掌语早期外教情况表③

馆 别	姓 名	备 注
缅甸馆	的 洒	字靖之,缅甸土夷,弘治十七年(1504)取进,历光禄寺署丞教师。
	孟 香	字德馨,缅甸土夷缅甸土夷,弘治十七年(1504)取,历光禄寺署丞教师。
暹罗馆	握闷辣	—
	握文帖	—
	握文铁	—
	握文源	—
八百馆	蓝者哥	—

---

① [清]吕维祺编:《四夷馆则》,(台北)文海出版社1977年版,第52—53页。
② [清]吕维祺编:《四夷馆则》,(台北)文海出版社1977年版,第53页。
③ 本表根据《四译馆则》、光绪《云南通志》卷一百九十六有关记载制作而成。

暹罗馆的设立一开始全赖外教。《四译馆则》存《内阁题□设暹罗馆稿》说道："……暹罗国王近年屡差进贡，所有□□表文无从审议……今该国起送通晓番字人员前来□□□□据广东布政司查取，夷使握闷辣等三员送翰林院开馆教习……。"八百馆也曾缺少教员。《四译馆则》又载："正德八年(1513)，因八百、老挝等处译语失传，该内阁题请暂留差来头目开馆……。"

二是教员和译字官、译字生的待遇不高。《四夷馆则》卷八俸禀条记载了明朝四夷馆教员、译字官和译字生的待遇情况。以从九品鸿胪寺序班官职为例，其俸薪为：春季俸银三两五钱、俸钱一千一百九十文，柴薪银六两（四季具同）；夏季四月、五月绢银一两七钱五分，六月俸银一两一钱六分六厘六毫，俸钱三百九十六文。秋冬二季与春季俸银皆同。此外，《四译馆则》还列出了当时的柴价、肉价、饭米、酒米等情况。扣除这些费用，俸薪所剩无几。假期更是少得可怜，教员六年才能有一次探亲假。《四夷馆则》各官给假条记载："给加省亲祭扫。查照各部见行事例。两京文职有离家六年之上者，比例奏请给假……。"①

由于待遇、管理等原因，再加上国势衰微，嘉靖二十五年(1546)以后，四夷馆已涣散不堪。由于缅甸馆师生全无，万历六年(1578)，暹罗国王遣使进贡，所有金叶表文无人能够审译。

---

① [清]吕维祺编：《四夷馆则》，(台北)文海出版社1977年版，第79页。

崇祯元年(1628)，明朝进行了最后一次翻译官的招生考试。①

清朝建立初年，重视各国文字的翻译，但是到了乾隆十三年(1748)，由于机构臃肿，乾隆帝又下令合并会同馆和四译馆。《清朝会典事例》记载："四译馆卿率其属，不过传习各国译字。现在入贡诸国，朝鲜、琉球、安南表章，本用汉字，无须翻译。苏禄、南掌文字，馆内原未肄习，与暹罗表章，率由各省督抚令通事译录具题……是馆(四译馆)并无承办事务，应将四译馆归并礼部会同馆。"②这样一来，规模变得更小，东南亚语种翻译官中仅剩数人。

会同四译馆自乾隆十三年(1748)成立，至光绪二十九年(1903)裁撤。

三、可借鉴的几种经验

明清时期中国培养东南亚语种翻译人才也有值得我们今天借鉴的经验。笔者仅举三例。

一是加强考核与管理。明嘉靖年间，曾由礼部会同吏部进一步加强对译字生、通事的考核与管理。对四夷馆的译字生，"严立期限，勤督课业，月有考，季有考。译业精晓者，方准留用，不通者黜"。到了清朝成立会同四译馆后更加考核严格，当时"十日一行考"。③

---

① 黎难秋主编：《中国口译史》，青岛出版社2002年版，第427页。
② 《清会典事例》卷五百一十四。
③ [清]江蘩：《四译馆考》，书目文献出版社2000年版，第551页。

二是注重平时练习。嘉靖二十八年(1549)，明朝规定："各馆中抡选年深通事晓夷语者一人立为教师，不分有无夷人，每日黎明时进馆督率各该通事人等演说夷语。中有未能尽晓者，遇有该边原来伴送通事，许令教师询访，务求通晓夷字……。"①

三是在教学内容上适当安排翻译诗歌。康熙年间，四译馆官员江蘩就曾训练译字生翻译古典诗歌。如暹罗馆课要求翻译五言古诗："流光成聚散，梁月下窗低。路远生青草，风飘万里西。客心无冷暖，起坐听初鸡。雾薄南山湿，思想如旧溪。"另外，还安排练习翻译七言绝句："雪风吹暗翠蓝天，黄叶飘零落照前。一笑今年新酒贵，买来三百青铜钱。"缅甸馆、八百馆都安排翻译五言律诗、七言绝句。现在，我们国家领导人在接见东南亚国家领导人时，偶尔也喜欢引用中国古典诗歌。如果我们在培养学生时也适当练习翻译一些著名的古典诗句，是十分有益的。

四、明清中国东南亚各国译语、寄语、象语

明清时期中国东南亚语种翻译的发展不仅为当时中国的对外交流、国防、边防事业提供了翻译支持，而且还为后人保留了有关这些国家语言和文字的珍贵的语言资料。这些资料为后人研究东南亚语言和文字的发展史提供了难得的史料证据。

---

① ［明］徐学聚撰：《国朝典汇》，北京大学出版社1993年版，第3927页。

应该说，明朝重视翻译"四夷"语言文字的时间要比四夷馆的成立还要早。《国朝典汇》记载："洪武十五年(1382)，正月。上以前元素无文字发号施令，但借高昌书制蒙古文字行天下，乃会翰林院侍讲火原洁与编修马懿赤黑等以华言译其语。凡天文、地理、人事、物类、服食、器用靡不其载，复取元秘史参考以切其字，谐其声音，名华夷译语。即成，诏刊行之，自是使臣往来，莫皆能得其情。"①我们现在所能看到的火原洁所编《华夷译语》中的东南亚语言资料大多为明清各翻译机构如四夷馆、会同馆、会同四译馆人员不断加以补充而成的。

乾隆皇帝特别重视翻译"四夷"语言，乾隆十三年(1748)九月，他上谕礼部："朕阅四译馆所存外裔番字诸书……已不无讹误……宜广为搜辑，加之核正，悉准考西番书例，分门别类，汇为全书。所有西天及西洋各书，于咸安宫就近查办，其暹罗、百夷、缅甸、八百、回回、高昌等书，著交与该国附近省分之督抚，令其采集补正。此外，如海外诸夷并苗疆等处，有各成书体者，一并访录，亦照西番体例，将字音与字义用汉文注于本字之下，缮写进呈，交馆勘校，以昭同文盛治。著傅恒、陈大受、那延泰总理其事。"②

笔者查阅各种史籍，所见各种东南亚译语颇多，这些是中国人较早记载的东南亚国家的语言文字资料。现按国别总结如下：

---

① ［明］徐学聚撰:《国朝典汇》，北京大学出版社1993年版，第3920页。
② 《清高宗实录》卷三百二十四。

安南译语：明人慎懋赏辑《四夷广记》中《海国广记》篇收录。明茅瑞征辑《华夷译语》也有收录。全汉字，二版本略有差异。

满剌加译语：伦敦大学东方学院藏英国传教士马礼逊(Robert Morrison, 1782—1834)遗赠《华夷译语》收录《满剌加国译语》共四百八十二词，为嘉靖二十八年(1549)通事杨林校订。笔者发现明茅瑞征辑《华夷译语》也有收录，全汉字，二版略有差异，其中茅氏所录题"满剌加馆译语"，笔者阅其全文，有不少类似对贡使所说句子，此当为明朝会同馆译语。早年孔远志先生认为马礼逊所藏《满剌加国译语》为华人贸易所用，并称其为世界上第一本马来语汉语词典[1]恐是有误，笔者另有拙文考释。此外，清人谢清高撰《海录》新当国条也收有数十个译语。[2]

暹罗译语：北京图书馆古籍珍本丛刊六辑有《华夷译语》，收录暹罗馆译语一卷，有暹罗文和汉字对照。[3]此卷暹罗馆译语乃根据清抄本影印，书目文献出版社出版时，未题为何人所辑。考清人江蘩撰《四译馆考》，其卷九收有《暹罗馆课集字诗》，汉字和暹罗字对照。笔者对比这两个版本，其中汉字与暹罗字略同。则北京图书馆古籍珍本丛刊所辑暹罗馆译语为

---

[1] 孔远志：《满剌加国译语——华人编撰的第一部马来语汉语词典》，《东南亚研究》1992年第1期。
[2] ［清］谢清高口述、杨炳南笔录：《海录》，商务印书馆2002年版，第162页。
[3] 《北京图书馆古籍珍本丛刊》，书目文献出版社2000年版，第739—781页。

清四译馆资料无疑。明人慎懋赏辑《四夷广记》又收录有明代暹语四个象语：天——普剌、地——佃因、日——脉、月——晚。此四个象语与清朝暹罗馆象语差别较大。此外，故宫博物院藏清朝《暹罗译语》两册，收杂字九百五十三个，列二十门。

爪哇寄语：中国历代典籍有关爪哇语言的记载甚少，唯明人慎懋赏辑《四夷广记》又收录有四个词语：珍珠——没爹蝦罗、犀角——低蜜、象牙——家罗、香——崑火敦罗林。

真腊译语：中国典籍中有关真腊语言的最早记载当是元代周达观所撰《真腊风土记》。《真腊风土记》记载："（真腊）国中语言，自成音声，虽近而占城、暹人，皆不通话说。如一为梅，二为别，三为卑，四为般，五为孛蓝，六为孛蓝梅，七为孛蓝别，八为孛蓝卑，九为孛蓝般，十为答。呼父为巴驼，至叔伯亦呼为巴驼。呼母为米，姑、姨、婶母以至邻人之尊年者，亦呼为米。呼兄为邦，姊亦呼为邦。呼弟为补温。呼舅为吃赖，姑父、姊夫、姨夫、妹夫亦呼为吃赖。大抵多以下字在上，如言此人乃张三之弟，则曰补温张三。彼人乃李四之舅，则曰吃赖李四。又如呼中国为备世，呼官人为巴丁，呼秀才为班诘。乃呼中国之官人，不曰备世巴丁，而曰巴丁备世。呼中国之秀才，不曰备世班诘，而曰班诘备世。"①周达观粗略地记录了13世纪末真腊语言中表示数字、称呼的一些近似读音，同时也指出真腊语在语法上具有定语后置的特点。此后，明清史料中有

---

① ［元］周达观著、夏鼐校注：《真腊风土记》，中华书局2000年版，第112页。

关真腊语言的记载甚少。唯《四夷广记》收有真腊象语，此版真腊象语分为时令、数目、人物、人事、饮食、器皿、禽兽其类。凡四十七词。笔者虽不谙晓真腊语，但以《真腊风土记》所录与《四夷广记》所录相比较，发现真腊语言经过元、明时期并无大变化。考周达观于1295年奉命随使赴真腊，《四夷广记》一书虽只题"明吴人慎懋赏赏辑"，但其中所录事件，有至迟为嘉靖二十年(1541)，则可证真腊语历经二百多年无大变化。

缅甸译语：明朝有关缅甸语的记载未见。清人江蘩为四译馆太常寺少卿(四品官员)，其所撰《四译馆考》，卷十收有缅甸馆课集字诗一首，有汉、缅两种文字对照。另外，北京大学图书馆又藏有四译馆缅甸番书晒印本数本，也有汉、缅两种文字对照。故宫博物院藏清朝《缅甸译语》四册，辑字一千二百二十二个，分为二十门。此外，光绪《云南通志》卷一百九十六记载，老挝南掌国雍正七年(1729)曾派人奉销售金缅字蒲叶表文。当时云南的翻译官翻译了这个表文，其词曰："南掌苏吗喇萨提拉表文投献北京天朝皇帝叭拉札灑拉(这通表文)，苏折利萨巴萨侧哩(是抒诚向化请安的)，色利达鱼乍赛乃呀钯札那合他(小的掌管南掌地方，心里时时刻刻想着)天朝，松碟麻哈坦(南掌国号)苏吗喇萨提拉(南掌岛孙官名)米拍腊灑萨赛色利米达(时时刻刻想着，喜欢得很，即诚欢诚忭之意)，米钯腊土贝纳干掌松多墨太召法王拉乍给哈(有象二条进贡)北京天朝皇帝，白黑他喇敬(请晓得罢，即俯鉴愚诚之意)，母览哈扎罢尾拟得困母笼额喇鱼乍梯拉(自古老三代以来，开天辟地，有此古礼)，召舍秀秀马崒口葛腊罢他你(世世代代到如今了),言千奈马哈那管唎鱼乍他你(当今南掌地方安享太平,要求天朝赏恩罢,即俯赏入贡之意),等松费法乍党欲奈匡巴尾你勿替萨色哩(南掌在天朝车里边上,该当请安),墨摆那歪乃怕唎乍烘笼本召法王榻览敬朱钯干(这事情禀明天朝皇帝,从今以后放在心里,即恳祈鉴察抒诚向化来格来王之意)。"① 此段翻译颇为勉强,但至今无人译证。笔者录出,盼缅语专家们还原文真意。

八百媳妇国译语:清人江蘩撰《四译馆考》,卷十收有八百馆课集字诗一首,又八百、汉字两种文字对照。

占城国译语:伦敦大学东方学院藏传教士马礼逊遗赠《华夷译语》收录《占城国译语》共六百零一词。《四夷广记》收录五词,与《占城国译语》略同。比较明朝《满剌加国译语》和《占城国译语》,笔者发现,占城当时的语言中,数字几乎都借用满剌加语,但满剌加国的数字又不是来自阿拉伯语。

苏禄译语:明清两代有关苏禄语言的记载不多,唯清人叶羌镛撰《吕宋纪略》言语条记载较多:"贯多(买物问价)、扼要(不要)、加费(柴)、米茄细(米)、故米(吃饭)、摆摆(扇子)……温也(一)、奴(二)、的黎(三)、瓜都(四)、生哥(五)、西氏(六)、舌治(七)、窝朱(八)、赢媚(九)、列氏(十)……。"② 此外,故宫博物馆藏《苏禄译语》一册,列十九门,集字四百零三个,末

---

① 岑毓英、陈灿纂修:《云南通志》,卷一百九十六。
② [清]叶羌镛撰:《吕宋纪略》。

附三种贡物名称。①查北京大学图书馆藏《汉书音字》一书，为清抄本，书中有官印，当为四译馆资料。书第三十二页有"乾隆三十三年八月十二日"字样，可证该书成书于乾隆年间。第七十四页又写"百译、苏禄、南掌、缅甸四馆共计真字四千零五个，番字五千一百七十个。以上四馆真番译语通共一万五千一百四十五个字，各通本默写。岁次乙未冬至后三日书。"②只可惜所列杂字除汉字外，都与百译馆字体类似，笔者完全读不懂。史有为先生曾介绍说四译馆中的他加禄语是使用阿拉伯文字记载的，这就很有意思了。吴杰伟先生又曾经介绍过西方在17世纪初期有三本书曾经使用过他加禄字母，③不知道这三本书籍与四译馆的《苏禄译语》有何区别。

以上笔者所总结九国译语除了安南、满剌加、占城曾有外国学者首先考释外，其他国家译语国内外尚未见有研究论文，当引起我们做语言文化者的重视。

五、结　语

综观明清两代东南亚语种翻译的发展情况。我们惊叹这些语种翻译机构也曾经有被重视的时期。但是也存在着一些

---

① 杨玉良：《一部尚未刊行的词典——清官方敕纂的〈华夷译语〉》，《故宫博物院院刊》1985年第4期。
② ［清］《汉书音字四译馆译语》，北京大学图书馆藏清抄本，典藏号：SB/415.9/6080，第74页。
③ 吴杰伟：《巴朗盖·高脚屋·天主教》，载于维雅主编：《东方语言文字与文化》，北京大学出版社2002年版，第315页。

问题,这些问题中有一些直至今天仍然没有解决。无古不成今,古人培养东南亚翻译人才的经验也有值得我们借鉴的地方。此外,还有很多明清两朝传下的语言资料我们都没有重视研究和利用。笔者再举出一例,故宫博物馆藏有清朝暹罗朝贡中国时的金叶表文一张,其史料价值和语言、文字价值不言而喻,惜至今无人研究。西方人的研究成果是非常值得学习的。但要注意的是,在中西之间,我们的研究偏向任何一方都是不利的。

清朝在光绪年间裁撤四译馆后,政府一直没有培养东南亚翻译人才的专门机构。1945年,国民党军队入越接受日本投降,国民党将领发表演说时还得依靠胡志明做翻译。当然,1942年国立东方语专的成立,为后来新中国的东南亚翻译人才的培养奠定了良好的基础,但是,培养一专多能的高层次东南亚语种翻译仍然任重而道远。

附录二

历代《职贡图》中的东南亚人物

国画是中国的"四大国粹"之一。现在保存下来的古代中国的绘画作品不仅具有很高的艺术价值,而且还具有重要的史料价值。例如,包含有历史上东南亚人物的中国古代绘画作品就是一个很明显的例子。这些绘画一方面为我们研究东南亚国家的历史、文化提供了重要的参考;另一方面,排除"大国沙文主义"的思想,这些作品也可以说是中国与东南亚各国文化交流的一个重要证据。照相技术发明于1839年,在此之前,我们对世界知识的记录除了依靠文字记载外,更直观的方法就是通过绘画。那么,绘画中的东南亚人物的形象是什么样的呢?古代中国人对东南亚各国人物形象的观念又是如何?本文将简单对中国古代《职贡图》中的东南亚人物进行考释,盼大方之家雅正。

一、历代包含东南亚人物的《职贡图》

古代中国的封建王朝把周边国家与中国的关系称为朝贡。当周边国家向中国朝贡时,中国封建王朝有时候就让画家把这些来朝贡的人物描绘到绘画作品当中,并称为"职贡图"。这种观念固然带有"大国沙文主义"的思想，但是这些绘画作品在一定程度上真实记录了当时东南亚人的形象。根据史书的记载，梁朝、唐、宋、清代的绘画都有关于东南亚人物的内容。

现存包括东南亚人物的最古绘画为梁元帝(约508—554)所绘《职贡图》。唐代张彦远所撰《历代名画记》是中国第一部绘画通史著作，其卷七说道："元帝萧绎，字世诚。中品。武帝第七子。初生便眇一目，聪慧俊朗，博涉技艺，天生善书画……任荆州刺史日，画蕃客入朝图，帝极称善。《梁书》具载。又画职贡图并序，善画外国来献之事。序具本集。"[1] 萧绎所绘《职贡图》今仅存残卷，历代书画家或收藏者有称其原画有三十余国贡使，也有认为只有二十二国贡使，莫衷一是。今存残卷中东南亚人物仅为狼牙修国使。

唐朝著名画家阎立本也有包含东南亚人物的作品。唐张彦远撰《历代名画记》卷九记载："立德弟立本……时天下初定，异国来朝，诏立本画外国图。"[2] 现存阎立本《职贡图》残卷，其中所画人物当是东南亚人物。

宋代有官修《职贡图》，宋真宗大中祥符八年(1015)九月庚申，权判鸿胪寺，刑部郎中、宜史馆张复给皇帝上了一道奏章，请求纂集大中祥符八年以前向来朝朝贡的国家，画出朝贡者的冠冕相貌，著录诸国风俗，为《大宋四裔述职图》。"上以

---

[1] ［唐］张彦远撰：《历代名画记》卷七，中华书局1936年版。
[2] ［唐］张彦远撰：《历代名画记》卷九，中华书局1936年版。

表圣主之怀柔，下以备史官之广记。"得到真宗恩准。南宋无名氏所撰《南宋馆阁续录》卷三储藏又记载有"《占城职贡图》一"。①但宋代职贡图今已不存。

清朝的绘画保留了最多的东南亚国家人物。清前期，经顺治、康熙、雍正三朝的治理，至乾隆朝已是全盛时期，经济繁荣，社会安定，幅员辽阔，属国及其他一些国家纷纷来朝，呈现出一派太平气象。乾隆十六年(1751)，乾隆皇帝命沿边总督、巡抚将所辖境内不同民族及与清王朝有交往的国家的民族衣冠状貌，绘其图像。《四库全书》收有《皇清职贡图》，其所绘东南亚人物包括安南、暹罗、苏禄、南掌、缅甸、马辰、文莱、柔佛、宋腒朥、柬埔寨、吕宋、咖喇吧、嘛六甲，十三个东南亚国家人物。可谓历代绘画关注"四夷"之最。

二、梁、唐《职贡图》中的东南亚人物

（一）梁《职贡图》中的东南亚人物

梁元帝所绘《职贡图》，北宋摹本残卷，原图不存，现藏中国历史博物馆（一说藏南京博物院，另一说藏中国国家博物馆）。残卷为绢本，无款设色，25厘米见方。作品有十二位使者像。从右至左，狼牙修国使列第六位。图左侧题"狼牙修国使"并有注，部分字迹已经模糊。其文字说道："狼牙修，在南

---

① ［宋］陈马癸、佚名撰，张祥点校：《南宋馆阁录·续录》，中华书局1998年版，第183页。

海中，去广州二万一千里，国界东西三十日行，南北二十日行。土气怕暖，草木常荣，无雪霜，多金银、婆律、沉香。男女悉袒而被发，古贝绕身。国王以云霞布覆口，贵臣着草屐，腰带金绳，耳着金环。女子披布，加以缨络。累砖为城，重楼阁，阁有三层，王行驾象，有幡毦旗鼓，罩白盖。兵卫甚设。国人说，自初立国四百余年，后历衰弱，王族有贤者，百姓归之。王收系之而镶自折，王不敢诛，斥之出境，遂奔天竺。天竺妻以长女。俄而狼牙修王死，举国迎立之。二十余年死，子婆伽达多立。天监十四年，遣使阿撒多奉表贡献。"

考《梁书》，则职贡图中文字介绍与《梁书》中关于狼牙修国的记载略有不同。《梁书》还记载了关于狼牙修朝贡梁朝的事迹："天监十四年(515)，遣使阿撒多奉表曰：'大吉天子足下：离淫怒痴，哀愍众生，慈心无量。端严相好，身光明朗，如水中月，普照十方。眉间白毫，其白如雪，其色照耀，亦如月光。诸天善神之所供养，以垂正法宝，梵行众增，庄严都邑。城阁高峻，如乾玑山。楼观罗列，道途平正。人民炽盛，快乐安稳。著种种衣，犹如天服。于一切国，为极尊胜。天王愍念群生，民人安乐，慈心深广，律仪清净，正法化治，供养三宝，名称宣扬，布满世界，百姓乐见，如月初生。譬如梵王，世界之主，人天一切，莫不归依。敬礼大吉天子足下，犹如现前，忝承先业，庆嘉无量。今遣使问讯大意。欲自往，复畏大海风波不达。今奉薄献，愿大家曲垂领纳。"[1]

---

[1]《梁书》卷五十四。

结合绘画和史书记载至少我们可以认证：一是梁朝时狼牙修与中国的关系密切，当时它在东南亚还是比较有名的国家。二是当时狼牙修崇奉佛教，而且其佛教信仰与天竺关系非常密切。三是结合当时天竺贡使的着装特征——赤脚，袒胸露脐，足、手、耳常戴环等，我们发现，两位贡使的着装打扮极其相似。如此我们可以做出两个推断，要么是狼牙修派出的贡使是天竺人；要么是狼牙修人不仅在信仰上遵从天竺，而且从衣装上也受到天竺的深刻影响。新加坡的邱新民先生曾认为狼牙修的统治阶层是印度人。① 从中国史书的记载看，笔者认为狼牙修的统治阶层不仅是印度人，也有当地人。无论如何，这说明当时狼牙修与印度有较密切的文化往来。

(二) 唐《职贡图》中的东南亚人物

唐著名画家阎立本所绘《职贡图》，现藏台北故宫博物院，绢本，高61.5厘米，长191.5厘米，本图无作者款印，右上方有宋徽宗题字——"阎立本职贡献图"，并有宋宣和印记。

台北故宫博物院所藏此作品是否为阎立本真迹仍然待考。除唐代张彦远撰《历代名画记》记载阎立本画外国图外，唐代裴孝源撰《贞观公私画史》也有记载说："职贡图三卷。"② 则可证唐贞观年间确有《职贡图》。阎立本又亲历贞观，则他曾画有《职贡图》当为可信。又宋人所撰《宣和画谱》卷一曾

---

① [新加坡]邱新民：《东南亚文化交通史》,(新加坡)文学书屋1984年版，第192页。
② [唐]裴孝源撰：《贞观公私画史》。

记载收藏有阎立本《职贡图》："今御府藏(阎立本画)四十有二……职贡图二。"①此外，苏轼曾有一首诗名为《题阎立本职贡图》，其诗曰：

贞观之德来万邦，浩如沧海吞河江，音容伧狞服奇庞。

横绝岭海逾涛泷，珍禽瑰产争牵扛，名王解辫却盖幢。

粉本遗墨开明窗，我喟而作心未降，魏征封伦恨不双。②

此诗说明苏轼见过阎立本的《职贡图》。除宋朝以外，查元、清两朝有关绘画的书籍都能看到有阎立本《职贡图》的记载。元朝时汤厚所撰《古今画鉴》，此书也记载作者曾见到此图："阎立本画三清像，异国人物职贡图……余并见之。"③清朝内府官员所撰《清内府书画编撰稿》也专门录有《唐阎立本职贡图一卷》，其中文字介绍与台北故宫博物院所藏图一致，说明此图原藏清廷内府。该书还说《职贡图》虽赝品流传，亦复珍如球璧"，④说明这幅画所反映的历史价值是巨大的。

---

① ［宋］佚名撰：《宣和画谱》卷一。
② 《苏轼诗全集》卷二十。
③ ［元］汤厚撰：《古今画鉴》，商务印书馆1937年版，第2页。
④ ［清］佚名撰：《清内府书画编撰稿》，北京图书馆出版社2005年版，第124页。

根据苏轼诗句的描绘，可知阎立本所绘《职贡图》反映的是唐贞观年间来朝贡中国的使者。画中人物自然分成三队，从右向左行走，职位较高者或有罗伞遮阳，或骑着马匹，职位较低者穿耳附珰，持象牙，着古贝布、有孔雀扇、耶叶、琉璃器（双重罐）、臂钏、敬浮屠、假山石（蚶贝罗）、香料、革屣、珊瑚、花斑羊等。有学者认为，这幅画反映的是贞观五年（631）婆利、罗刹和林邑三国赴长安朝贡的事迹。笔者认为此图反映的的确是唐朝贞观年间的事情，但未必是贞观五年。其中人物当是东南亚人物，但仍不能明确是哪几个国家。

　　从他们的服饰、人物体形和贡物分析，这些都与当时东南亚国家的特征相近。如《新唐书》记载："婆利者，直环王东南，自交州泛海，历赤土、丹丹诸国乃至。地大洲，多马，亦号马礼多火珠，大者如鸡卵，圆白，照数尺，日中以艾藉珠，辄火出。产玳瑁、文螺；石蚶，初取柔可治，既镂刻即坚。有舍利鸟，通人言。俗黑身，硃发而拳，鹰爪兽牙，穿耳傅珰，以古贝横一幅缭于腰。古贝，草也，缉其花为布，粗曰贝，精曰氎。俗以夜为市，自掩其面。王姓刹利邪伽，名护路那婆，世居位。缭班丝贝，缀珠为饰。坐金榻，左右持白拂、孔雀翣。出以象驾车，羽盖珠箔，鸣金、击鼓、吹蠡为乐。"[①] 这段文字记载中的"石蚶"、"穿耳傅珰"、"孔雀翣"等描述与《职贡图》中所反映的情况相似。另外，《新唐书》记载环王国（即林邑）"椰叶为席"；真腊国"以文木为竿，象牙金钿为壁"；罗刹国"其东即罗刹也，

---

① 《新唐书》卷二百四十一。

与婆利同俗"。此外,唐贞观时,东南亚国家在文化上受印度影响比较深,而且彼此之间交往密切,很难确定图中具体是哪些国家。考《册府元龟》和《新唐书》,则贞观年间,朝贡唐太宗的东南亚国家有八个(表一)。

表一 唐贞观年间朝贡中国的东南亚国家表[①]

序号	国别	朝贡年月
1	林邑	贞观二年十月、贞观五年、十六年五月
2	真腊	贞观二年十月、九年四月
3	婆利	贞观五年
4	罗刹	贞观五年
5	盘盘国	贞观七年九月、贞观九年九月
6	堕和罗	贞观十二年六月
7	堕婆登	贞观二十一年十二月
8	诃陵	贞观年间
9	堕和罗	贞观年间

贞观五年时林邑、婆利、罗刹三国同时朝贡中国。《新唐书》记载:"贞观时,(林邑)王头黎献驯象、镠锁、五色带、朝霞布、火珠,与婆利、罗刹二国使者偕来……又献五色鹦鹉、白鹦鹉……。"[②]《职贡图》中确有使者抬着鹦鹉,但是不见驯象等物。另外,贞观中东南亚除林邑、婆利、罗刹三国同时朝

---

① 此表根据《册府元龟》卷九百七十、朝贡三及《新唐书》列传一百四十七下,南蛮下有关记载自制作。
② 《新唐书》卷二百四十一,"林邑国"条。

贡中国外,诃陵、堕和罗、堕婆登也曾朝贡中国。《新唐书》对此也有记载:"贞观中,(诃陵)与堕和罗、堕婆登皆遣使者入贡……。"①这就可以证明现藏唐《职贡图》反映的是唐朝贞观年间东南亚国家朝贡中国的事迹,但并不是具体哪几个国家的朝贡的情况。

结合史书记载和《职贡图》残卷以及苏轼《题阎立本职贡图》一诗的内容,我们至少可以看出三点:一是唐贞观时周边小国纷纷向中国朝贡;二是从《职贡图》所描绘的东南亚的形象来看,当时东南亚国家受印度文化影响较深;三是当时中国人对周边国家民族仍然是比较轻视的。如绘画中人物有的奇小无比,有的面目怪异。连苏轼的诗也说:"音容伧狞。"绘画所反映的古代中国的华夷观念不言而喻。相比之下,由于是写真像,梁《职贡图》所绘的狼牙修国使的形象更贴切一些。

三、《皇清职贡图》中的东南亚人物

(一)《皇清职贡图》的编撰及人物像的作者

《皇清职贡图》共九卷,始修于乾隆十六年(1751),由傅恒等负责编撰。嘉庆十年(1805)又补充了几幅安南人像。全书共绘制三百种不同民族和地区的人物图像,每种皆绘男女图像两幅,共六百幅。嘉庆十年,庄豫德等画家补画时有满、汉文题注,并设色。这六百幅图中一共包括了十三个东南亚国

---

① 《新唐书》卷二百四十一,"诃陵国"条。

家的三十四幅人物画像。

《四库全书》所收《皇清职贡图》并没有提及各人物画像的作者。笔者查阅清朝有关画史的典籍发现，这些人物像原来是清代宫廷画家们集体创作的结晶。胡敬撰《国朝院画录》记载："丁观鹏、贾全、金廷标、姚文瀚、程梁合画《职贡图》一卷……庄豫德、沈焕、黎明、程琳、沈庆兰、冯宁、蒋懋德、张舒合补《职贡图》四卷。"①有关绘图分工，《国朝院画录》一书也有记载："第一卷补图，朝鲜至景海七十三段官、目、民、人、男、妇款臣庄豫德恭绘；第二卷补图，关东鄂绰至广西省西陆州六十段蕃苗男、妇款臣沈焕恭绘；第三卷补图，甘肃省河州土千户韩玉麟等所辖撒喇族土民至四川省阜和营辖咱里番民九十二处番夷男、妇款臣黎明、程琳、沈焕、沈庆兰恭画；第四卷补图，云南等黑猡猡至贵州贵定、都云等处蛮人七十八处番苗男、妇款臣冯宁、蒋懋德、张舒恭画。"《国朝院画录》又说："谨案《职贡图》旧藏乾清宫，为丁观鹏等合画，已不存……皇上因命补画。"现存《皇清职贡图》东南亚各国人物像在卷一，根据《国朝院画录》的记载，我们可知东南亚各国人物像最先由丁观鹏、贾全、金廷标、姚文瀚、程梁合画，遗失后又由庄豫德等画家补绘。

(二)《皇清职贡图》中的东南亚人物

《皇清职贡图》中各人物像首先由各地方首先搜集，接着

---

① ［清］胡敬撰：《国朝院画录》卷下，清嘉庆二十一年刻本。

由朝廷统一整理。东南亚这些国家的人物则或是在朝贡时观察，或是由接待这些国家的边防省份提供稿本，所以比较可信。《四库全书》所收《皇清职贡图》的提要部分说道："(《职贡图》)每种并兼绘男、女及官、目、民、人之别，于凡性情、习俗、服食、好尚罔不毕载而悉得诸入觐时之体察，考询及我将帅、驿使身履其地所目击口陈者，故言之凿凿，非若前史记载传闻附会，无可考核者比也……。"[1] 笔者把各国人物像按照原书次序情况总结如下：

表二 《皇清职贡图》东南亚人物画像表[2]

序号	国 别	画像幅数	画像内容
1	安 南	6	安南国夷官、官妇、夷人、夷妇、猡猡、猡猡妇
2	暹 罗	4	暹罗国夷官、官妇、夷人、夷妇
3	苏 禄	2	苏禄夷人、夷妇
4	南 掌	4	南掌国夷官、官妇，南掌国老挝、老挝妇
5	缅 甸	2	缅甸国夷人、夷妇
6	马 辰	2	马辰国夷人、夷妇
7	文 莱	2	文莱国夷人、夷妇
8	柔 佛	2	柔佛国夷人、夷妇
9	宋腒朥	2	宋腒朥国夷人、夷妇
10	柬埔寨	2	柬埔寨国夷人、夷妇

[1] ［清］傅恒等编：《皇清职贡图》，吉林出版集团有限责任公司2005年版，第459—460页。

[2] 本表根据《四库全书》所收《皇清职贡图》制作。

续表

序号	国 别	画像幅数	画像内容
11	吕 宋	2	吕宋国夷人、夷妇
12	咖喇吧	2	咖喇吧国夷人、夷妇
13	嘛六甲	2	嘛六甲国夷人、夷妇

(三)《皇清职贡图》中东南亚各国人物画像摘考

《皇清职贡图》中东南亚各国人物画像所反映的人物衣着、表情、风俗各异。各国人物基本符合当时的情况，但也有特殊的，如绘吕宋国夷人、夷妇的是西班牙人。由于篇幅有限，笔者仅对安南国夷官、安南国猁獀，宋腒朥国夷人、夷妇，咖喇吧国夷人、夷妇三国人物像进行初略考释。

1.安南国夷官、安南国猁獀图

安南国夷官的衣着很像汉人官服。中国清朝的官服早已突出了满族服饰的特色，与汉族统治的明朝官服完全不同，但是越南的官服则仍仿照明朝的官服。越南胡朝皇帝胡季犛（1400—1407在位）曾有诗一首：

> 欲问安南事，安南风俗惇。
> 衣冠唐制度，礼乐汉君臣。

此诗可证越南在衣冠上与中国的关系。清朝建立后，越南与明朝大同小异的官服样式仍然延续了下来。所以便出现了当时中国官服的"汉风"反而被越南保留下来的讽刺性现象。《皇清职贡图》有文字说明:"安南,古交阯地……本朝康熙五年(1666),黎维禧款附,因封为国王,嗣后五年一贡。其地有东西二都,十三道。土地膏腴,气候炎热,一岁二禾念。其夷目冠带朝服多仍唐制。皂革为靴,惟武官平顶纱帽,靴尖双出以为别贵……。"[1]越南黎朝官员官服如汉人官服,头戴乌纱帽,手持纸扇。考越南史籍《大越史记全书》黎纪记载:"明成化二年(1466),六月,定文武服色,自一品至三品著红衣,四五品著绿衣,余著青衣。"[2]《大越史记全书》又记:"明成化二十二年(1486),五月二十六日,定朝冠,继今文武百官进朝,戴乌纱帽,两翅宜一体,稍仄向前,不得任意或平或仄。"[3]

明朝灭亡,清朝建立时,越南仍为黎朝,其官服虽稍有变化,但仍与明官服相差不大。《大越史记全书》记载:"清康熙五十九年(1720),六月,定文武品服行议……并用青吉衣,乌纱帽。"[4]据此记载则图一所绘至少为三品官员。

嘉庆九年(1804),越南阮朝派使臣黎伯品祝贺嘉庆万寿节的时,宫廷画家庄豫德于嘉庆十年绘制(图二)。越南黎朝灭亡后,阮朝建立,虽然仍然请封、朝贡清朝,但是在衣冠上却不与清朝同。或许他们也认定清朝非"汉风正统"。

---

[1] [清]傅恒等编:《皇清职贡图》,吉林出版集团有限责任公司2005年版,第468页。
[2] [越南]吴士连等撰、陈荆和编次:《大越史记全书》,日本东京大学东洋文化研究所1977年版,第657页。
[3] [越南]吴士连等撰、陈荆和编次:《大越史记全书》,日本东京大学东洋文化研究所1977年版,第729页。
[4] 同上书,第1047页。

图一　安南国夷官 　　　　图二　安南国夷官

图三　安南国㹱猅人

图三是现在被称为中越跨境民族之一的㹱猅族人。《皇清职贡图》记载："㹱猅，交州苗裔，在安南境内，先隶交酋管辖，因与滇省接壤，国初置开化府（属云南省），多居府属逢春，里之极边性顽悍，嗜酒，善用火器。凡交地守关、守厂以为兵卒，其僻处杀箐者黑面环眼，短衣短袴，或捕蛇鼠则生啖

之……雍正八年以边地四十里隶安南俾就近官领约束。"① 现代越南语称猘猕族为 La Chi,现这一民族人口七八千。这是中国有关这个民族最早的画像。

2. 宋腒朥国夷人、夷妇图

《皇清职贡图》有文字说明:"宋腒朥乃暹罗属国,其人多,以耕渔为业,性情褊急,其斋僧饲象,与暹罗相类。男蓄发,去其髯,首插雉尾,腰束疋帛,短衣而窄袴,无履袜,常佩刀剑。女椎髻跣足,短衣长裙,披帛于肩,颇能织纺绩。"②

图四　宋腒朥国夷人　　宋腒朥国夷妇

考宋腒朥也称宋居劳,即今泰国宋卡(Songkhla)一带,其

---

① [清]傅恒等编:《皇清职贡图》,吉林出版集团有限责任公司2005年版,第470页。
② [越南]吴士连等撰、陈荆和编次:《大越史记全书》,日本东京大学东洋文化研究所1977年版,第494页。

港口同名。该地又称Singora，意思是狮子城。①清朝时与暹罗都朝贡中国。《清朝通典》记载了该国的风俗："宋腒朥，在西南海中，属暹罗，好事佛，以手团食。男事耕渔，常佩刀，女椎髻，能纺织。土产有牛鹿肉、虾米、燕窝、海参番锡之属。本朝雍正七年(1729)以后通市不绝，其国距厦门水程一百八十更……。"②这是有关宋腒朥风土人情的较早记载。《清朝通典》记载该国与厦门的航程，则该国与福建当有往来关系。另外，清人谢清高曾经到过宋腒朥(宋卡)，由其口述的《海录》一书有宋卡国，也记载有该国风俗："宋卡国在暹罗南少东……土番名无来由(即马来语malayu)，地旷民稀少，俗不食猪，与回国同。须止留下额，出入怀短刀自卫。娶妻无限多寡，将婚男必少割其势，女必割其阴。女年十一二即嫁，十三四便能生产。男多赘于女家，俗以生女为喜，以其可以赘婿养老也。若男则赘于妇家，不获同居矣。其资财则男女各半，凡无来由种类皆然。死无棺椁，葬椰树下，以湿为佳，不封土，不墓祭……。"③这段记载则可以证明宋卡在清朝时是信仰伊斯兰教的。但是由于宋卡与暹罗相近，似乎也受到佛教的一些影响。《海录》宋卡国条又记载："民见王及官长俯而进。至前蹲踞，合掌于额而言，不敢立。王坐受之。见父兄则蹲踞，合掌于额，立而言。平等相见，唯合掌于额。余与暹罗同。"这说明宋卡当时既存

---

① 陈佳荣等编：《古代南海地名汇释》，中华书局1985年版，第451页。
② 《清朝通典》卷九十八。
③ ［清］谢清高口述、杨炳南笔录：《海录》，商务印书馆2002年版，第16页。

在马来回教文化，又有暹罗佛教文化。[1]

3. 咖喇吧国夷人、夷妇图

《皇清职贡图》有文字说明："咖喇吧本爪哇故土，为荷兰兼并。华人之贸易者多流聚于此。性工巧饶谋虑。室宇壮丽，器具精致。夷民华帛缠头，短衣束腰，绕布幅为裙，跣足，手持木棒。有爵者镌字于上以为别。夷妇垂髻施簪珥，以花布缠上体，短衣长裙，露胸跣足，善裁制缝纫，性嗜啖果。"[2]

图五　咖喇吧国夷人　　　咖喇吧国夷妇

考咖喇吧为马来语Kalapa(椰子)的译音。指今印度尼西亚雅加达(Jakarta)市，又泛指爪哇等岛。咖喇吧还有很多中译音，如交留吧、加拉吧等。《海录》作噶喇叭。《清朝通典》卷

---

[1] ［清］谢清高口述、杨炳南笔录：《海录》，商务印书馆2002年版，第16页。

[2] ［清］傅恒等编：《皇清职贡图》，吉林出版集团有限责任公司2005年版，第497页。

九十八边防二记载其于清朝初年与福建通市。[①]但关于其风俗则不载。《海录》噶喇叭条记载也不多："噶喇叭在南海中，为荷兰所辖地……土番以无来由种类……中国、无来由、大西洋、小西洋各国，莫不馨珍宝货物商贩于此。中国人在此贸易者，不下数万人，有传至十余世者。然各类自为风气，不相混也。民情凶暴，用法严峻。中华人有殴荷兰番者法斩手，戏其妇女者法绞。乌番兵俱奉天主教，死则葬于庙。荷兰番死则葬于坟园。土番风俗于太泥、口吉兰丹各国同。"[②]此段记载说明当时中国文化、西方文化和本土文化在咖喇吧还是比较融合的。

四、结　语

20世纪50年代以来，中国的东南亚研究较多地重视中国史料的利用。西方有学者认为我们的研究受到"意识形态"的左右，在研究过程中容易犯"中国中心主义"的毛病。笔者也曾经迷惑了一段时间，但是后来发现原来那些宣称我们过于重视中国史料的所谓西方学者也一样重视中国史料。这就为我们提出了一个问题：由于中国史料具有历史局限性，我们是否需要继续重视？笔者认为，这是肯定需要的。"今天"我们的调查报告、游记、著作同样会成为"明天"的史料。全盘否

---

① 《清朝通典》卷九十八。
② ［清］谢清高口述、杨炳南笔录：《海录》：商务印书馆2002年版，第128页。

定任何一方都是偏激的。当然,我们也需要更多地了解西方的研究成果。近年来,笔者阅读了不少有关西方研究东南亚历史文化的著作,发现他们非常重视中国史料的利用,中国有不少学者还把这些著作翻译、介绍给其他中国学者。对这些资料,我们更应该好好利用。

修订版后记

2013年，承蒙商务印书馆扶持后学，小书《中越文化交流史论》得以问世。自刊行以来，幸得国内同行包容受纳，越南社科院也刊发书评，对小书内容和积极意义多有鼓励。对于迈入学界新人而言，这是莫大的荣幸。

数载过去，小书售罄，出版社建议修订，以应需求。鉴于《越南古典文学名著研究》已经收录和修订了原有论述文学的篇章，比如关于《金云翘传》《宫怨吟曲》《征妇吟》《花笺传》的研究，故决定在修订版中全部删去，以《中国学界对越南古典文学的译介与研究》代替，呈现中国学界近几十年来的越南古典文学研究全貌。修订版较之原版，尽管略显单薄，但为避免重复，不得不忍痛割爱。原想多补充几篇，无奈近来案牍叠叠，新娃嗷嗷，想起曾文正公对联："天下断无易处之境遇，人间哪有空闲的光阴"，只好作罢，留作他年学债待偿。

旧册在手，往事在目。薄名略有，若非诸师友扶掖，绝无可能。最难忘为恩师范宏贵教授、梁志明教授、梁敏和教授、张玉安教授、赵玉兰教授、吴杰伟教授、蒲达玛教授、阮才谨教授、阮文环教授、阮有山教授、蔡昌卓教授、查明建教授等。均铭在心，余不一一。

修订版后记

四年前履新广州后，蒙广外诸多领导和师友扶持，尤其是隋广军书记、阳爱民副校长的厚爱和陈多友院长等多次提携，学术又得一些进步，在此深表谢意！

小书的初版和再版，若无商务印书馆张艳丽女士的辛勤付出，是不可能问世的。我的研究生朱炬宇也为本书的修订进行了一些校对工作，在此一并感谢。

庚子年，我在广西民族大学的首位博士生蔡茜同学以优异成绩顺利获得毕业，在广外招收的第一位博士生侯燕妮同学进步颇多，让我颇感欣慰。一如张元济先生名联所言：

数百年旧家无非积德，
第一件好事还是读书。

谨录以继续修己、齐家、治学。

刘志强
2021年1月于白云山麓